后稀缺

AUTOMATION
AND THE
FUTURE OF WORK

自动化与未来工作

AARON BENANAV

[美]亚伦·贝纳纳夫 著

谢欣 译

中国出版集团
中译出版社

图书在版编目（CIP）数据

后稀缺 /（美）亚伦·贝纳纳夫（Aaron Benanav）著；谢欣译. — 北京：中译出版社，2022.5
书名原文：Automation and the Future of Work
ISBN 978-7-5001-6933-8

Ⅰ.①后… Ⅱ.①亚… ②谢… Ⅲ.①经济社会学—研究 Ⅳ.①F069.9

中国版本图书馆CIP数据核字（2022）第018690号

北京市版权局著作权合同登记号
图字：01-2021-5847

AUTOMATION AND THE FUTURE OF WORK
First published by Verso 2020
Aaron Benanav 2020
The simplified Chinese translation copyrights 2022 by China Translation and Publishing House
ALL RIGHTS RESERVED

出版发行：	中译出版社
地　　址：	北京市西城区新街口外大街28号普天德胜大厦主楼4层
电　　话：	010-68359719
邮　　编：	100088
电子邮箱：	book@ctph.com.cn
网　　址：	www.ctph.com.cn

策划编辑：	刘香玲　张　旭
责任编辑：	刘香玲　张　旭
文字编辑：	张程程
特约编辑：	王晓辉　谢凌云
营销编辑：	毕竞方
版权支持：	马燕琦　王立萌　王少甫
封面设计：	刘　哲
排　　版：	北京竹页文化传媒有限公司

印　　刷：	中煤（北京）印务有限公司
经　　销：	新华书店
规　　格：	710毫米×1000毫米 1/16
印　　张：	13.5
字　　数：	140千
版　　次：	2022年5月第1版
印　　次：	2022年5月第1次

ISBN 978-7-5001-6933-8　定价：79.00元

版权所有　侵权必究
中 译 出 版 社

推荐序

"机器人将会抢走我们的工作"——这是未来学家们发出的警告。尽管在很大程度上这样的事情并没有发生，但自动化技术在生产中的应用的确造成了工作岗位的变动，并由此带来了失业。亚伦·贝纳纳夫教授长期致力于失业问题的研究，他并不同意未来学家们关于自动化、技术性失业和全民基本收入之间关系的看法。在《后稀缺：自动化与未来工作》中，亚伦教授对这一热点问题进行了令人信服的分析，并给出了自己的解决方案。这本书内容丰富，可以使读者快速了解自动化与失业关系的历史来源、争论的焦点以及左翼和右翼关于解决方案的问题，促使我们从新的视角对所面临的劳动力需求困境进行思考。

显然，技术进步对劳动力就业的冲击是政治和经济生活中的热点话题。人们在享受技术进步带来更便利的交往和更丰富的世界认知方式的同时，对机器挤压劳动力的担忧也随之而来。事实上，这种担忧在人类进入资本主义时代就已经开始了。在生产方式的变化方面，机器体系的大规模应用是资本主义的一个典型特征。机器体系的大规模应用、技术的进步带来的便捷只是资本追逐利润的一个副产品,尽管这个副产品在客观上使物质产出大大增加、生活更加方便,我们可以更加快捷地出行,甚至自动驾驶技术可能在不久的将来就能真正得以普及;无现金时代已经让我们感受到了支付的方便;无人机送货也在部分地区得以实现……我们的生活的确更加方便和丰富了。但是,一个基本的事实是冰冷,甚至残酷的:先进技术的引入和劳动力需求的下降,创造出来的财富越来越大的部分被资本攫取了,不平等不是缩小了而是加剧了。亚伦教授用大量的统计数据说明了劳动力需求持续低迷这个真实的问题,但是他并不同意未来学家们认为这一切都是技术变革的结果这一结论,而是认为产能过剩和技术能力过剩导致的长期停滞才是根本原因,这也是更值得关心的问题。整体经济增长速度放缓的原因在于制造业引擎失速且未能找到替代性引擎。亚伦认为,"新冠肺炎疫情大流行将催生自动化浪潮这一预言显得颇为苍白无力。"

尽管亚伦不同意自动化技术是导致失业的原因,但是劳动力需求的下降是客观存在的。如何解决这一问题呢?亚伦评价了不同流派的解决方案,无论是右派提出的全民基本收入,还是左翼提出的"通往共产主义的资本主义道路",都是行不通的。右派提出的全民基本收入方案的初衷不是为了消除经济不平等,而是让贫困群体满足于现状,不平等只会更加严重。左翼的方法,即随着自动化的发展,全民基本收入的发放金额也随之增长,直到这一替代分配机制成为所有商品、服务购买力的唯一来源。亚伦指出,如果要实现消除不平等,就要确保从资产所有者手中争到经济控制权,"只有控制了生产，最终成功从资本家手中夺取投资决策权，实现资本罢市的失效，才能为我们扫除障碍，让我们一路迈向后稀缺的未来。"

亚伦教授提出的建议是，随着技术的进步，在后稀缺社会的"资本"将被视为共同的社会遗产，这些社会遗产来自于一代又一代人的积累，它不属于任何个人，而是属于所有社会成员。但是前提是必须围绕控制生产这一历史任务开展社会斗争，才能实现突破，从而为生而为人所处的境遇赋予新的内容。

综观全书，亚伦教授是将资本主义的内在问题用最新材料进行了当代呈现。通过分析，隐晦地提出只有社会斗争才是解决劳动力需求下降和经济长期停滞的根本出路，而不能依靠秉持着技术乌托邦理念的神秘主义者。但是作者对社会斗争如何开展，如何控制生产，怎样重新建构社会生活等一些核心和关键内容却语焉不详。事实上，亚伦教授指出，未来学家们关于自动化导致失业是一个虚假的危言耸听，这对于我们深入思考技术进步带来的负面影响是有积极意义的；对于未来学家们的社会改造方案的批评，也能够帮助我们理解当代资本主义国家的社会思潮。只是作者似乎也没有意识到，在分析了左、右两派的意见之后，自己也掉到了乌托邦陷阱之中，乐观地认为通过社会运动、改变人们的观念以及技术进步的作用，就能够实现资本家对资本的自我放弃，这到底是一种乐观的幻想还是悲观的无奈，就不得而知了。

恩格斯为马克思的《资本论》所写的英文版序言曾指出："毫无疑问，在这样的时刻，应当倾听这样一个人的声音，这个人的全部理论是他毕生研究英国的经济史和经济状况的结果。他从这种研究中得出这样的结论：至少在欧洲，英国是唯一可以完全通过和平的合法的手段来实现不可避免的社会革命的国家。当然，他从来没有忘记附上一句话：他并不指望英国的统治阶级会不经过'维护奴隶制的叛乱'而屈服于这种和平的和合法的革命。"

张旭

中国社会科学院经济研究所

2022年2月9日

中文版序

　　机器人是否在抢夺我们的工作？如果翻阅过流行报刊或收看了科技类电视节目，你或许就会相信：越来越多的工人正被机器所取代。全世界的人们都对此心存忧虑，当然这也合乎情理。在我们所生活的时代，不可思议的新技术不断涌现。人们随时可以从口袋里掏出智能手机获取海量信息。新冠肺炎大流行期间，二维码变得无处不在，这也让我们能够通过手机来完成更多事情：从下单订餐到预约新冠肺炎病毒快速核酸检测。数字工具在很多人的工作中得到了更为普遍的应用。越来越多的企业开始将平台技术应用于员工招聘和员工培训。各类算法被用于收集员工数据和消费者数据（这也让这两个群体感到自己时时处于监控之下），并根据这些数据作出商业决策。

　　然而，尽管人们谈论自动化灾难的迫近已有数年之久，但在如今，我们仍然能够明显地感觉到，即便是最为先进的人工智能形态，也无法完成人类能够做到的大多数事情。而其首要原因并非仅仅是处理能力的欠缺；究其根本而言，技术本身仍然存在局限。

计算机能够对大型数据集进行复杂的统计分析（所谓的"机器学习"），但它们仍然无法理解因果关系，也无法从分类的角度进行思考。一旦离开高度可控的环境，机器便难以对物体进行持续性的识别和标记。它们既不能对人类予以可靠的回应，也无法辅助承担诸多简单的任务。在软性材料（如织物）的处理上，机器人也同样难以胜任。

这些因素也是在新冠肺炎大流行时期，智能机器大军未能给予我们关怀照顾的部分原因。恰恰正是在我们最需要机器人帮助的时候，必要岗位上却很少看到它们的身影；大部分工作仍然是由人类来完成，包括医院、学校、仓库、餐馆、超市和快递服务的正常运转，在此过程中，有人因此感染新冠肺炎病毒，甚至失去生命。2021年末及2022年初，美国劳动力市场出现了暂时性的用工紧缺，工人们借机纷纷退出岗位（辞职人数也创下了新高），并要求获得更高的薪资待遇。他们并不担心自己将会很快被机器人所取代。

在自动化理论家们所营造的表象（而不是我们身边所发生的真真正正、实实在在的技术变革）之下，企业中层管理者们似乎都已梦想成真：难以管理的工人们被企业老板扫地出门，取而代之的是唯命是听的机器人。如果这一情况已经大规模地出现，那么我们将会从经济统计数据中发现证据。诚然，在部分企业，特别是在制造业企业中，劳动力转移的确正在发生；但相较以往，如今出现这一情形的企业数量更少，其推行速度也更为缓慢。与此同时，过去的十年中，在位居技术发展前沿地带的美国，工作岗位流失率一直在历史低点徘徊。换言之，相较于此前一百五十年中任何一个十年之期，过去十年间工人转行的速度都处于最低水平。

这一现象也进一步证明了机器人大军并未将工人从优质岗位驱赶到劣质岗位。在全球很多国家，工人们所面临的问题并非技术自动化给他们带来过高的转行压力，而是他们极少有机会能够离开劣质岗位、转而投身优质岗位。很多工人，甚至包括高等教育背景的人士在内，都在劣质岗位苦苦挣扎。他们通常也无法找到更好的工作，这又导致了他们本已屡弱的议价能力进一步恶化。

这些趋势让人们不禁对"技术导致不平等和就业不足"的论调心生怀疑。在书中，我提出了这样的观点：造成我们今天所面临危机的原因并不是自动化驱动下每百分点经济增长所创造岗位数量的缩减；真正的问题在于，我们以增长为导向的经济扩张的速度开始放缓，继而导致了新增就业岗位的减少。经济陷入了持续性的停滞。就业不足会令工薪阶层家庭深受其害，因此，微乎其微的经济增长也让他们的从中所得变得越加微薄。

我将会在书中阐释，全球经济增长的放缓正在日渐成为一种全球性的趋势。在当今竞争极度激烈的全球市场上，工业企业的投资往往难以获得回报，这导致了制造业部门高生产率活动投资的缩减。这一转变加速了劳动力市场中业已出现的趋势：在全球范围内，越来越多的工人受雇于服务业岗位。服务业活动通常能够享受保护性政策，从而得以避免遭受国际竞争的冲击。然而，服务业岗位的一大特征是劳动生产率的低位增长，也没有任何迹象能够表明人工智能将会带动服务业平均生产率的提升；与之相反，随着越来越多的工人转而走上服务业岗位，生产率增长率正呈现出放缓的势头。与此同时，由于生产率增长是经济增长的重要组成部分，因此后者也同样出现了显著的放缓。

对于这一问题，一种解决办法是通过恢复经济增长率的方式来恢复就业。政策制定者们已经竭其所能地鼓励企业加快扩大生产规模。各国政府降低了税率、发行了公债、放松了经济管制，并废除了劳动保护政策；然而，这些措施均未取得成效。经济增长率仍然处于历史低位。美国非但未能迎来私人投资的激增，反而遭遇了两次金融泡沫（首先是20世纪90年代后期的互联网泡沫，此后是21世纪第一个十年中期的房地产泡沫）；每次泡沫之后，经济增长都会出现进一步下滑。市场改革往往又会缩减劳动保护和福利待遇，导致工人们处境愈加艰难。这些改革也长期伴随着不平等的显著加剧。

未来，鼓励私人投资的努力同样难获成功，以技术为重点的努力亦会如此。在经济增长放缓的背景之下，公共资助研究对于化解就业问题而言作用甚微。尽管私营创业企业常常被视为创新力量而备受追捧，但事实上是公共资助研究催生了互联网、触摸屏幕和全球定位系统（GPS）。虽然优步（Uber）的问世并非这些创新所带来的必然结果，但这家公司却利用这些技术压榨饱受工作不安全感困扰的零工求职者。很多企业将会继续想方设法加深工人们的工作不安全感，以便更好地对他们进行掌控和剥削。

那么，我们能做些什么？在新冠肺炎大流行的时代，越来越多的政治家们认识到，有必要采取激进的行动来摆脱经济停滞的陷阱。一些经济学家甚至呼吁开展大规模公共投资，从而在投身绿色转型的同时实现共同富裕的愿景。对于此类拟议投资，关键的考量因素并不在于它们的推行能否获利，而在于它们的推行能否创造更为广泛的社会效益。这些呼声无疑标志着我们朝着正确的方向迈

中文版序

出了一步，但在美国等一些国家，富裕的企业主们表达了强烈的反对。大规模的公共投资将会削弱这些经济精英的政治力量。

眼下的要务是通过斗争的方式，在更大的范围内实现投资的转型。我在书中提出，只有对资源分配方式和生产方式进行重大的重组，才能让后稀缺的世界成为现实。我们需要将投资过程置于集体控制之下，确保将其用于满足人们的实际需求，而非实现股东价值的最大化。我们有机会实现大部分生活所需商品和服务的无偿供应。我们可以重新分配和减少工作，包括目前尚不属于正式经济范畴的工作，如家政工作和护理工作。这些变化将会开拓出一方自由的天地，在这里，人们能够自由地决定如何安排自己的生活。

相较于此前任何的时代，现今的技术水平使我们更加接近这一目标。究其本质，我们所面临的主要障碍是社会层面的障碍，而非技术层面的障碍。

亚伦·贝纳纳夫
2022年1月于德国柏林

前　言

互联网、手机和社交媒体已在很大程度上改变了我们相互交流、认识世界的方式。如果这些数字技术不再囿限于屏幕，不断融入我们的现实世界，将会发生什么？先进科技的工业机器人、自动驾驶汽车和卡车以及智能癌症筛查机器似乎预示着我们将进入一个安逸的世界，但它们同时也让我们感到不安。毕竟，在高度自动化的未来，人类又能做什么呢？新智能机器时代让人类自由的梦想成为可能，那么，我们是否能够通过制度调试实现这一梦想？还是它终究只会沦为一场大规模技术性失业的梦魇？

2019年，《新左派评论》杂志（New Left Review）发表的两篇文章指出了自由派、右派和左派的分析师们共同倡导的一套新的自动化话语。对于这些问题，自动化理论家们所得出的结论发人深省：大规模的技术性失业正在来临，由于全球大部分人口将会失去生存所需的薪酬，因此只有通过发放全民基本收入才能解决这一问题。

我在本书中提出的观点是，随着全球亟待就业人数过多，而就业岗位过少的矛盾日渐凸显，这套自动化话语的再度兴起正是对这一趋势所做出的一种回应。劳动力需求持续不足在一些经济趋势中得到了体现，如就业岗位无复苏、薪资停滞以及工作不安全感。这一问题在不平等加剧所催化的政治现象中也同样显而易见：民粹主义、金权政治以及痴迷于打造"海上家园"的数字精英的崛起——这些精英更热衷于搭乘火箭逃往火星，而无意于帮助他们身后遗留在炙热地球上的"数字农民"们改善生计。

自动化理论家的说法似乎很有说服力：在美国加利福尼亚州奥克兰市，流浪汉、失业者成群结队、遍布街头；而就在仅仅几英里之外的费利蒙市特斯拉工厂里，机器人承担着自动化生产的任务。但是，他们给出的解释——急剧的技术变革导致工作岗位的流失却是一种错误的看法。美国和欧盟存在着真实、持续的劳动力需求不足，南非、印度和巴西的情况甚至更为严重。然而，导致这一现象出现的原因却和自动化理论家们提出的观点几乎完全相反。

现实中，劳动生产率的增速非但没有加快，反而正在放缓。如果不是被另一个更为重大的趋势所遮蔽，生产率的放缓原本可以推动劳动力需求的提高。这个趋势便是经济体的增长逐步放缓。马克思主义经济历史学家罗伯特·布伦纳（Robert Brenner）最早对这一发展势头进行了分析，并将其命名为"长期衰退"（long downturn）。直至很久之后，主流经济学界才对他的观点予以认可，并将此经济增速持续降低的现象称为"长期停滞"（secular stagnation）或"日本化"（Japanification）。是什么原因导致了这一现象的出现？是几十年的工业产能过剩摧毁了制造业的增长引擎，并且尚未找到可以替代的动力，特别是在增长缓慢、低生产率活动占主导的服务业，情况更是如此。

随着经济增长速度的减慢，创造就业的步伐也随之放缓。全球劳动力需求出现低迷也正是因为这一原因，而非因为技术发展造成的岗位流失。如果能够戴上约翰·卡朋特所执导的影片《极度空间》（*They Live*）中那副可洞悉现实真相的神奇眼镜，我们就会看到，在这个拥有着光鲜的自动化工厂和消费级乒乓球机器人的世界背后，是破败不堪的基础设施、逆工业化的城市、疲惫不堪的护士、酬不抵劳的销售人员以及投资渠道不断缩减的金融化资本。

为了重振陷于停滞的经济，在几乎长达半个世纪，各国政府推行了极为严苛的财政紧缩政策，导致学校、医院、公共交通网络和福利项目资金投入不足。与此同时，在超低利率环境下，政府、企业和家庭背上了创纪录规模的债务。在20世纪90年代后期的科技泡沫时代，美联储前主席阿兰·格林斯潘（Alan Greenspan）认为这些做法是为了投资我们的数字未来，但事实并非如此。实际上，企业抵押资产是为了给股东分红，而贫困家庭借债则是为了勉强维持生计。

这些趋势的出现已经让全球经济陷入了极为不利的境地，就在此时，全球经济又迎来了一个巨大的挑战——新冠肺炎疫情衰退（COVID-19 recession）。病号满员、破败的医疗系统不堪重负；能够满足孩子们基本营养需求（以及家长们照管孩子需求）的学校被迫关闭。负债累累的企业眼睁睁地看着自己的股票市值以大衰退以来前所未有的速度急剧下跌。全球范围内，失业率大幅增长，在美国尤其严重，大部分人无力负担食品、医疗和住房的支出。即便各国政府出台了大规模的货币和财政刺激政策，遭受冲击的脆弱经济体依然难以很快恢复元气。经济不安全感加深、经济不平等加剧的趋势由来已久;不难预见,从长期来看,新冠肺炎疫情衰退将会加速这些趋势。

正是因为这个原因,对今天的自动化话语进行反思颇为重要。面对我们这个反乌托邦的世界,自动化理论家们却提出了一个乌托邦式的解答。我们现在摘下《极度空间》的那副真相眼镜,回到理论家们所幻想的世界中。在这个世界里,我们所有人只需要更少量的工作(正如当前经济衰退的受害者们一样),便可以得到一切生活所需;我们有更多时间陪伴家人(但不是因为被迫隔离);老人们穿着新式外骨骼连体衣在公园里慢跑(而不是躺在医院的病床上离开人世);空气里的雾霾已经消失,因为我们正快速步入一个可再生能源的世界(而不是因为工厂已经关闭,人们不再开车出行)。除了外骨骼连体服之外,只要我们愿为之奋斗,这里面所有的一切如今都有可能成为现实。即便生产自动化最终无法实现,我们已有能力实现自动化理论家们提出的后稀缺世界。

我对这个话题的兴趣源自于两个方面,一个源于较早的过去,另一个则源于最近几年。和很多自动化理论家一样,我成长于20世纪八九十年代,是读着科幻小说、看着《星际迷航:下一代》(*Star Trek: The Next Generation*)里巡游银河系的共产主义者们长大的。我的父亲激发了我的兴趣,他本人也是自动化领域的研究人员。在20世纪90年代的创业风潮影响下,我的父亲与很多同事一样,告别了学术生涯、开启了创业之旅。在那些年里,有的人赚得盆满钵满,但是更多的人并未暴富:大多数互联网创业公司最终破产倒闭,让加班加点、努力工作的工程师们几乎落得两手空空。读高中的时候，每个夏天我都会跟随父亲到不同的公司实习，编写 HTML 和 Javascript 代码。我最后发现，自己并不能从数字经济中获得快乐，因此转而投身研究经济增长和失业的历史——它们一个是驱动现代经济繁荣的动力，另一个则是导致不安全感加剧的引擎。

在 2008 年经济危机之后的一段时期，我参加了当时的社会运动，并尝试着通过同"尾注"文社的其他成员进行对话和合作的方式来消化这一体验。我们合撰的这些未署名文字对本书的分析产生了很大的影响。同批评家尼克·斯尔尼切克（Nick Srnicek）和亚历克斯·威廉姆斯（Alex Williams）的相遇（他们 2015 年出版的著作《发明未来》（Inventing the Future）是左翼自动化话语的一个实例）让我发现了这个由自动化理论家们组成的知识分子生态系统，它重新唤起了我在童年时期对科幻小说的热爱，同时也改变了我对未来的看法。

在不断阅读自动化理论家的著作及过去乌托邦和科幻文学的过程中，我越来越坚定地相信，这些作者对后资本主义社会的逻辑组织和实现路径进行的共同思考，其深刻程度在我周围无人可及。尽管我对他们的现状分析仍持不同观点，但是我认为，回应他们对未来的构想也是发展我自己的构想的一个过程，尽管我的构想同他们的相比仍然是那么的黯然无光。我将在本书后续的章节中探讨：我们仍然需要共同分担完成哪些工作，才能在全自动化生产缺位的情况下实现后稀缺未来；在此过程中如何恢复工作生活的尊严性、自主性和目的性，同时又避免工作占据我们社会存在的中心；在此基础上，我将分析在全自动化生产缺位的情况下实现后稀缺未来的可能性。

在阐述和评判这套自动化话语的过程中，书中简要地介绍了过去50年中世界经济及劳动人口的发展，并着重审视了当今世界劳动力需求持续低迷的源起和发展。书中还探讨了解决这一市场失灵问题的其他政策选择——新自由主义结构调整、凯恩斯主义需求管理以及全民基本收入，并勾勒出了一个后稀缺的世界，作为评估这些政策效果的依据。

撰写这本书的过程让我更加确信：如果我们想要扭转浪潮的方向，让其朝向更人道的未来奔涌前进，那么就需要广大劳动者们拒绝接受劳动力需求的持续下降及由此带来的经济不平等加剧。早在新冠肺炎疫情衰退出现之前，反抗这些后果的斗争已经在全球范围内变得日趋猛烈，近期这些斗争又呈现出风起云涌的势头。我们应当投身这些斗争所衍生的运动中，并助推它们向前发展。如果这些努力遭遇失败，或许最好的结果便是体现为全民基本收入的社会薪资微涨——各国政府目前正在对此进行试验，作为应对当前经济衰退的一种措施。但是，我们的斗争不应仅仅着眼于这个不大不小的社会目标，而是应当努力开创一个后稀缺的世界。

我之所以能够写出这本书，离不开朋友们支持，包括佩里·安德森（Perry Anderson）、阿里尔·安吉尔（Arielle Angel）、伊利斯·阿肯德（Elyse Arkind）、马克·阿肯德（Marc Arkind）、米娅·比奇（Mia Beach）、丹·贝纳纳夫（Dan Benanav）、伊桑·贝纳纳夫（Ethan Benanav）、曼迪·贝纳纳夫（Mandy Benanav）、贾斯珀·贝尔内斯（Jasper Bernes）、马腾·比约克（Mårten Björk）、扬·布雷曼（Jan Breman）、J.达科塔·布朗（J. Dakota Brown）、强尼·邦宁（Jonny Bunning）、保罗·切尼（Paul Cheney）、克里

前　言

斯托弗·奇蒂（Christopher Chitty）（愿安息）、乔舒亚·科洛弗（Joshua Clover）、基娅拉·科尔代利（Chiara Cordelli）、奥利弗·库森（Oliver Cussen）、丹尼尔·丹弗（Daniel Denvir）、安德烈亚斯·埃克特（Andreas Eckert）、休·法雷尔（Hugh Farrell）、阿多姆·盖塔丘（Adom Getachew）、玛雅·冈萨雷斯（Maya Gonzalez）、达拉赫·格兰特（Daragh Grant）、李·哈里斯（Lee Harris）、加里·赫里格尔（Gary Herrigel）、乔尔·艾萨克（Joel Isaac）、费利克斯·库尔茨（Felix Kurz）、雷切尔·库什纳（Rachel Kushner）、娜塔莉·伦纳德（Natalie Leonard）、乔纳森·利维（Jonathan Levy）、马塞尔·范·德·林登（Marcel van der Linden）、罗伯·卢卡斯（Rob Lucas）、尼尔·麦克莱恩（Neil Maclean）、亨利·穆尔海姆（Henry Mulheim）、珍妮·内顿（Jeanne Neton）、玛丽·艾伦·奥布莱恩（Mary Ellen O'Brien）、克里斯·奥凯恩（Chris O'Kane）、莫伊舍·普殊同（Moishe Postone）（愿安息）、西娅·里亚弗兰科斯（Thea Riafrancos）、帕夫洛斯·卢福斯（Pavlos Roufos）、比尔·休厄尔（Bill Sewell）、杰森·史密斯（Jason Smith）、莫琳·斯迈思（Maureen Smyth）、朱莉安娜·斯帕尔（Juliana Spahr）、佐伊·萨瑟兰德（Zöe Sutherland）、本·塔尔诺夫（Ben Tarnoff）、莎拉·沃特林顿（Sarah Watlington）、苏西·魏斯曼（Suzi Weissman）、比约恩·韦斯特加德（Björn Westergard）、加布里埃尔·维南特（Gabriel Winant）和丹尼尔·萨莫拉（Daniel Zamora），以及参加了在芝加哥大学召开的资本主义历史与理论研讨会和荣誉学会研讨会的与会者们。我特别要感谢的是克洛伊·沃特林顿（Chloe Watlington）、罗伯特·布伦纳（Robert Brenner）、约翰·克莱格（John Clegg）和夏洛特·罗

伯逊（Charlotte Robertson），我在研究与写作的过程中每一步都得到了他们的支持。最后要感谢《新左派评论》的编辑苏珊·沃特金斯（Susan Watkins）、汤姆·哈泽尔丁（Tom Hazeldine）、艾玛·法伊根鲍姆（Emma Fajgenbaum）和罗拉·西顿（Lola Seaton），以及沃索出版社的汤姆·哈泽尔丁（再次感谢）、邓肯·兰斯勒姆（Duncan Ranslem）和萨姆·史密斯（Sam Smith）。我尤其要感谢汤姆，是他在世界变得一团糟的情况下努力推动了这个项目的完成。

本书献给克洛伊·沃特林顿。

亚伦·贝纳纳夫

2020年6月于芝加哥

目 录

推荐序 　　　　　　　　　　　　i
中文版序 　　　　　　　　　　　v
前　言 　　　　　　　　　　　　xi

第 1 章　自动化话语　　　　　　001
　　　　　机器来了　　　　　　　003
　　　　　忧虑重重　　　　　　　006
　　　　　岗位稀缺　　　　　　　011

第 2 章　劳动力的全球逆工业化　017
　　　　　生产率悖论　　　　　　018
　　　　　制造业产能过剩之弊　　025

第 3 章　笼罩在停滞的阴影下　　033
　　　　　增长引擎失速　　　　　034
　　　　　替代引擎的缺位　　　　040
　　　　　技术的影响　　　　　　044

第 4 章　劳动力需求低迷　　　　051
　　　　　不计代价地工作　　　　053

　　　　全球范围内的剩余劳动力　　　　060
　　　　后工业低谷　　　　063

第5章　"银弹"妙药？　　　　072
　　　　凯恩斯主义：弹药再上膛　　　　073
　　　　无偿的津贴　　　　079
　　　　局限之处　　　　085

第6章　必要与自由　　　　090
　　　　后稀缺学派　　　　092
　　　　合作型公正　　　　096
　　　　人人享有的自由时间　　　　100

后记　变革的主体　　　　105

注释　　　　111

附录　怎样制造一支铅笔（附原文）　　　　156

译后记　　　　190

1 自动化话语

人工智能、机器学习和机器人技术的快速发展似乎势将推动工作方式的变革。以特斯拉为代表的公司已经在全世界非常先进的工厂推行"熄灯"生产：全自动化的生产流程完全能够在黑暗中运行，而无需人工操作。与此同时，在机器人大会灯火辉煌的大厅里，展示着一台台能够打乒乓球、做饭，甚至交谈的机器。计算机现在不仅可以开发新的围棋对局策略，据说还能谱出让人听之落泪的交响乐曲。有的计算机已经披上了白色实验服或穿上了虚拟西装，开始学习癌症的鉴别，并将很快用于法律策略的开发。在美国，人们正通过机器学习训练的方式推动实现货运卡车的无人驾驶。驮载着军用级武器的机械狗在荒无人烟的平原上穿梭驰行。我们是否生活在一个人类即将告别辛苦劳作的时代？19世纪的美国小说家爱德华·贝拉米（Edward Bellamy）曾在乌托邦小说《回顾》（*Looking Backwards*）中提出了人人劳动是天经地义的

"伊甸敕令"（edict of Eden）；但是，随着"人类"过上神仙般的生活（至少富人们能够先行一步），这是否意味着"伊甸敕令"的撤销？[1]

对于这一夸大其词的论调，有太多种的理由予以质疑。其中可笑的一点是，机器连个门都开不了，哎呀，连衣服也叠不成。商场里的安保机器人常常会跌进喷泉水池。电脑化的数字助理能够回答问题、翻译文件，但是如果没有人工干预，它们仍然无法很好地完成工作；自动驾驶汽车也存在同样的情况。[2] 2014年，美国工人发起了"为15美元时薪而斗争"（Fight for Fifteen）的运动；就在这一期间，旧金山立起了广告牌，威胁称，如果提高最低工资的法案获得通过，就会用触摸屏取代工人。《华尔街日报》（*Wall Street Journal*）将这部法案称为"机器人就业法案"。然而，欧洲的很多快餐业工人已经在工作中用上了触摸屏，他们的薪酬也往往高于美国同行。[3] 那么，这些有关自动化的讨论是否夸大其词？

报纸和流行杂志里耸人听闻的自动化报道依然只是闲言碎语。但是在过去的十年中，这些讨论已经具化为一种颇具影响力的社会理论，不仅要分析时下技术、预测其未来，还要探索技术变革对整个社会的影响。这一套自动化话语基于四个主要观点：第一个观点认为，日益先进的机器已在不断地取代工人，导致了"技术性失业"的不断增长；第二个观点是提出，机器取代工人是一种确然的迹象，意味着我们已经处于高度自动化社会的边缘，在这个社会中，几乎所有的工作都会由自动机器和智能计算机来完成；第三个观点指出，尽管自动化应当将全体人类从辛苦劳作中解放出来，但是在我们所生活的社会，大多数人还是需要工作才能维持生计，这意味着这个梦想或许终究只是一场梦魇；⁴ 第四个观点则表示，能够阻止大规模失业灾难（如美国2020年失业潮，尽管其原因颇为不同）的唯一方法是推行全民基本收入（universal basic income），从而实现收入水平和工作量的脱钩。

机器来了

自诩为未来学家的群体是这一自动化话语的主要传播者。在广为阅读的《第二次机器时代》（Second Machine Age）一书中，埃里克·布莱恩约弗森（Erik Brynjolfsson）和安德鲁·麦卡菲（Andrew McAfee）提出了这样的观点：我们正处于一个"拐点"——在这条曲线的转折之处，很多曾经只出现在科幻作品中的技术如今正成为我们日常生活的一部分。新技术似乎能够给予我们无尽的"馈赠"，但是布莱恩约弗森和麦卡菲也提出了警告："没有哪部经济法律规定所有工人都一定能从这些发展中获益，甚至不说所有，只说大部分，都不一定"。现实情况恰恰相反：随着先进技术的引入和劳动力需求的下跌，劳动薪酬陷入了停滞；年收入中越来越大的部分为资本所攫取，并没有落到劳动者手中。其结果是不平等的且不断加剧，这一问题可能会催生"资本主义的失灵模式"，出现食利者的压榨驱逐技术创新的情形，继而"放缓我们进入新机器时代的步伐"。⁵ 马丁·福特（Martin Ford）在《机器人的崛起》（Rise of the Robots）一书中提出了相似的观点，认为我们正"趋向于一个临界点",这一临界点势将"降低整个经济体系的劳动密集程度"。他同样指出:"最为可怕的长期场景可能是,如果全球经济体系最终能够适应这个新的现实",将会形成"农民总体过剩"而精英却不受经济需求影响的"自动化封建主义"。[6]在这些作者看来,在自动化的经济体系下,教育和再培训并不足以稳定劳动力需求;他们还认为有必要推行某些形式的非薪资收入保障金,例如负所得税。[7]

爱穿牛仔裤的硅谷精英们对这套自动化话语颇为热捧。微软创始人比尔·盖茨(Bill Gates)是机器人税的倡导者。Facebook[1]创始人马克·扎克伯格(Mark Zuckerberg)鼓励哈佛大学本科新生们去"探索像全民基本收入这样的理念",特斯拉和SpaceX的创始人埃隆·马斯克(Elon Musk)也同样认为这一政策将会变得越来越"有必要",因为机器人在越来越多的岗位上的工作表现已经超过了人类。[8]马斯克给SpaceX火箭回收无人接驳船取名为"当然,我依旧爱你"(Of Course I Still Love You)和"快去读下说明书"(Just Read the Instructions),这两个名字都来自于英国科幻作家伊恩·M.班克斯(Iain M. Banks)的《文明》(Culture)系列作品。班克斯在其似是而非的乌托邦科幻小说中描绘了一个后稀缺的世界,在这里,人类与名为"心智"(minds)的智能机器人一同过着充实、满足的生活,也不再需要市场和国家的存在。[9]

这套自动化话语已经成为"数字未来"的一大主流观点,政界人士和他们的智囊们也同样对此颇为认同。美国前总统巴拉克·奥

---

[1] 译注:2021年10月28日,Facebook创始人兼CEO马克·扎克伯格宣布将公司更名为Meta。

巴马在其告别演讲中表示，"下一次经济混乱的浪潮"并非来自于海外贸易，而将会来自于"导致大量优质中产岗位流失的持续自动化进程"。前克林顿政府劳工部长罗伯特·赖克（Robert Reich）也曾表达过类似的担忧："我们很快就会面临技术替代大量岗位的境地，不仅是低技能岗位，专业化岗位也会受到波及，我们必须要认真考虑全民基本收入了"。前克林顿政府的财政部长劳伦斯·萨默斯（Lawrence Summers）也同样坦承：随着工人薪资陷入停滞、经济的不平等继续加深，曾被讥为"愚蠢"的技术性失业论如今越看越像是睿智之见。这一话语甚至还成了2020年的一场希望渺茫的美国总统竞选活动的依据：曾任奥巴马政府"全球创业大使"的杨安泽（Andrew Yang）撰写了一部洋洋洒洒的著作《对普通人的战争》(*The War on Normal People*)，并在"人类至上"（Humanity First）平台上开展了颇具未来感的竞选活动。这也是全民基本收入的概念在近两个世代首次被引入美国主流政治。美国服务业雇员国际工会（Service Employees International Union）的前主席安迪·斯特恩(Andy Stern)也是杨安泽的支持者。斯特恩的著作《提高下限》(*Raising the Floor*)是这套话语的又一实例。[10]

和目前所提及的所有其他作者一样，杨安泽和斯特恩都竭力地让读者相信：即便必须摒弃劳动力市场，资本主义的某种变体仍然将会继续存在；但是，他们也承认了提出更激进版本的自动化话语的极左派人物们所带来的影响。在《发明未来》一书中，尼克·斯尔尼切克和亚历克斯·威廉姆斯提出："最近的一次自动化浪潮势将"带来劳动力市场的"急剧变革，因为它将逐渐涵盖经济的方方面面"。[11]他们声称，只有社会主义政府才有能力通过建立后工作社会或后稀缺社会的方式实现全自动化。在《四个未来》(*Four Futures*)一书中，彼得·弗雷斯（Peter Frase）颇为缜密地探索了后稀缺社会之外的结果，包括是否仍会存在私有财产或是否仍旧面临资源稀缺的困扰；他认为，劳动力稀缺问题得到解决后，这两种情况依然可能存在。[12]

和支持自动化话语的自由派人士一样，这些左翼作者们强调：即便先进机器人的到来无法避免，"也未必代表着我们已经步入了后工作的世界"。[13] 斯尔尼切克、威廉姆斯和弗雷斯都是全民基本收入的支持者，但他们所支持的是这一理念的一个左翼变体。在他们看来，全民基本收入的作用是搭建起一架通向"全自动化奢华共产主义"（Fully Automated Luxury Communism）的桥梁。这个由亚伦·巴斯塔尼（Aaron Bastani）在2014年创造的词汇所指代的是社会主义政治的一个可能性目标。在这个词汇流行了五年之后，巴斯塔尼的著作最终面世；该书勾画了一个自动化的未来世界：人工智能、太阳能、基因编辑、小行星采矿和人造肉食让人们得以拥有无尽的闲暇时间从事无尽的自我创造活动。[14] 这也为左翼提倡的集体自我牺牲和反消费主义的厉行节俭提供了一种颇为必要的平衡。

忧虑重重

尽管这些未来主义者来自于政治谱系的各个角落，但他们的构想都同样源自于对技术变革轨迹的相同预测。而在新冠肺炎疫情衰退期间，他们对技术变革的信心（也是这一自动化话语的特点）有增无减。尽管技术变革本身并非导致岗位流失的原因（至少这一次情况如此），但自动化理论家们认为，新冠肺炎疫情大流行将加快我们迈向更高程度的自动化的未来的进程。失去的岗位将不会复得，原因在于，和人类不一样，从事烹饪、清洁、回收、打包和看护工作的机器人既不会感染新冠肺炎病毒，也不会传播给他人。[15]自动化理论家们是否认识到了这一点？

借助几个工作定义可以帮助我们解答这个问题。相较于其他减少劳动力的技术创新，自动化的不同之处在于：自动化技术会完全替代人力，而不仅仅是增强工人的生产能力。随着劳动力增强技术得到应用，相应的工种仍将会继续存在，但是从事这类工作的工人的生产效率将会得到提高。例如，在汽车生产线上加装新的机器能够提高生产线的效率，但同时它并没有取消生产线工作；如果生产一定数量的汽车，只需更少的生产线工人便可以完成这一工作。这样的技术变革是否会造成工作岗位流失，取决于汽车行业生产率和产出增长的相对速度：如果产出增速慢于劳动力生产率增速（这种情形颇为常见，下文将会对此提及），那么岗位的数量则会减少。即便没有自动化的到来，情况也同样如此。相比之下，如同美国作家库尔特·冯内古特（Kurt Vonnegut）在小说《自动钢琴》(*Player Piano*)中所说，真正的自动化出现在"工作分类被'嗖'地一下消灭掉"的时候。[16]无论产量再如何提高，都不会再有电话交换机操作员或徒手轧钢的操作工。在自动化的条件下，机器已经完全替代了人力劳动。

很多有关未来劳动场所自动化的争论转向于评估在如今及不远的未来，技术会在多大程度上能够替代劳动或增强劳动。然而，区分这两类技术变革的难度大于人们的想象。如果一家零售商安装了四台自助结账机，并且安排一名员工进行看管和定期调试，那么这是否代表着收银作为一种职业的终结？还是意味着每位收银员需要额外地操作三台收款机？对于这些问题，牛津大学马丁学院（Oxford Martin School）的一项著名研究提出了一种极端的看法，认为美国47%的工作岗位处于自动化带来的高风险之下。此后，经济合作与发展组织（OECD）发布的一项研究预测，14%的岗位将处于高度风险之中，而另外32%的岗位则面临着工作方式发生显著变化的风险。这些风险源自于增强劳动力的技术创新，而非替代劳动力的技术创新。[17]

事实上，可以预见，这两种类型的技术变革都会导致大量的工人失去工作。然而，这些估算数据中的最高值是否足以表明相较于过去所发生的质的变化？这一点尚不清楚。有观点认为，"20世纪60年代的工人们从事的岗位中有57%如今已经不复存在"。[18] 除了其他形式的技术变革之外，自动化向来是造成工作岗位流失的一个持续性因素。我在这里要解决的问题并不是自动化技术是否将会摧毁新增岗位（答案是肯定的），而是这些技术（如先进的机器人、人工智能和机器学习）是否加速了工作岗位的流失或放缓了创造新岗位的速度，从而导致了越来越多的人陷入了长期失业的困境。

如果情况的确如此，那么资本主义经济体的正常运转将会被完全颠覆。1983年，诺贝尔经济学奖得主瓦西里·列昂捷夫（Wassily

Leontief）对这一自动化理论的基础观点做出了较为简洁的表述，指出"自动价格机制的有效运行严重地依赖"现代科技的一个怪异的特性，即尽管现代技术带来了总产出前所未有的增长，但它也加强了人力在多数生产过程中的主导作用。[19] 换言之，技术在增强工人生产效率的同时，并没有让工作本身失去必要性。因为工人还会持续赚取薪酬，所以他们对商品的需求是一种有效需求。任何时候出现的技术突破都足以破坏这枚将资本主义社会拼合在一起的脆弱铆钉。例如，通用人工智能可能会一次性地消灭很多职业，导致大量的劳动力陷入滞销。在这个时候，大多数人们偏好的信息将会变成无用的信息，并在市场上消失。在借鉴了这一真知灼见，并考虑了现今存在类似技术突破这一现实的基础上，自动化理论家们常常会提出这样的观点：资本主义是一种短暂的生产方式，它将会让位于一种不以薪酬工作和货币交换为基础的新型存在形式。[20]

自动化可能是资本主义社会的一个恒定特征；而自动化时代即将到来的理论却不是恒定的特征，它是由技术变革的实例所推断而来、对社会转型更为宏观的阐释。恰恰相反，这一理论在现代历史中一直是周期性地反复重现。至少在19世纪中期，人们就已经对自动化时代即将到来流露出了兴奋之情。1832年，查尔斯·巴贝奇（Charles Babbage）出版了《论机器与制造业经济》（*On the Economy of Machinery and Manufactures*）；1833年，约翰·阿道弗斯·埃茨勒（John Adolphus Etzler）出版了《触手可及的天堂，无须人力》（*The Paradise Within the Reach of All Men, Without Labour*）；1835年，安德鲁·尤尔（Andrew Ure）出版了《工厂哲学》

(*The Philosophy of Manufactures*)。这些著作预言，将会很快出现只需花费少量人力或只需人力监督的高度自动化工厂或完全自动化工厂。他们的构想对马克思产生了重大的影响：他的著作《资本论》(*Capital*)认为，一个由相互作用的机器构成的复杂世界正经历着人力被驱离经济生活中心的过程。[21]

有关自动化工厂的构想曾在20世纪30年代、50年代和80年代再度出现；到了21世纪的第二个十年，它们再一次地出现在了人们的视野之中。它们每一次的出现，都会伴随或接着出现"灾难性的失业和社会"时代即将到来的预言，并声称只有对社会进行重构才能阻止这些灾难。[22] 指出这一话语的周期性并不意味着应当摒弃与之相随的社会构想。一方面，这套自动化话语所预言的技术突破仍有可能随时实现。它们在过去是错的并不代表将来也是错的。此外，这些有关自动化的构想明显具有社会衍生性，它们指出了隐匿于资本主义社会内部的某些乌托邦式的可能性。事实上，20世纪最具远见的一批社会主义者当中，一些人本身就是自动化理论家，另一些人则受到了他们的启发，包括赫伯特·马尔库塞（Herbert Marcuse）、詹姆斯·博格斯（James Boggs）和安德烈·戈尔茨（André Gorz）。

考虑到它的周期性因素，自动化理论可以表述为资本主义社会的一种自发话语。在结构性原因和偶发性原因的共同影响下，这些自发话语作为思考社会局限性的方式，一次又一次地出现在资本主义社会中。唤起自动化话语周期性重现的是对劳动力市场运行的一种深切忧虑：就业人数太多，而岗位又太少。为什么市场无法为很多工人提供他们所需要的工作？针对劳动力需求低迷的问题，自动化话语的倡导者们从急剧的技术变革角度进行了解释。[23]

岗位稀缺

如果说这套自动化话语在今天再度得到了广泛的认同,那么其原因可以归结为它所指出的自动化的影响已在我们身边随处可见。全球资本主义未能给很多人提供他们需要的工作。换言之,长期以来,劳动力需求一直持续低迷,并且这一点在失业统计中也未能得到很好的体现。[24] 劳动力需求不足已经体现在了经济衰退期(如2020年的新冠肺炎疫情衰退)失业人数的激增及日趋严重的无就业复苏上,而这一现象也有可能会在新冠肺炎疫情衰退的余波中再度上演。[25] 劳动力需求低迷也体现在就业不足的上升上,这已经得以证明:既定年份的总收入中薪资所得份额出现了下降,而不是利润所得份额出现下降。[26] 长期以来,主流经济学界一直认为,劳动收入份额的稳定是经济增长的一个典型现象,它能够确保经济发展的收益得到广泛的分配。尽管各国大规模投资于所谓的"人力资本"(体现为教育程度的提高和更为健康的生活),在过去的几十年中,七国集团(G7)国家的劳动收入份额却出现了持续的下跌(如图1.1所示)。

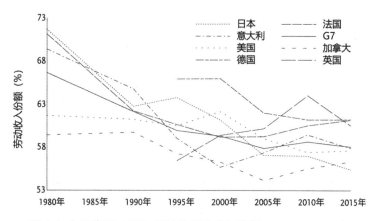

图 1.1 七国集团（G7）经济体劳动收入份额（1980—2015年）

来源：经合组织《生产率指标汇编》（*OECD Compendium of Productivity Indicators*），2017年，第1章，图1.8。

这些变化代表着工人议价能力的急剧下降。而普通工人所面对的现实情况要比统计数字更为严酷，因为薪酬的增长已日渐越趋向于最高收入群体：声名不佳的"百分之一"人群。一方面，劳动生产率平均增速和薪资平均增速的差距不断加大，渐增地导致了劳动收入份额的下降；另一方面，平均薪资和中位数薪资之间的差距也在不断加大，表明劳动收入正从生产和非管理岗位工人向经理人和首席执行官（CEO）转移。其结果是，很多工人从经济增长中所分得的收益正变得越加微乎其微（如图1.2所示）。[27]

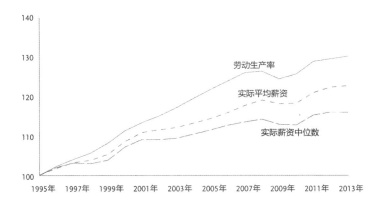

图1.2 经合组织国家生产率与薪资差距（1995—2013年）

注：1995=100。24个国家就业人口加权平均值，包括芬兰、德国、日本、韩国、美国、法国、意大利、瑞典、奥地利、比利时、英国、澳大利亚、西班牙、捷克、丹麦、匈牙利、波兰、荷兰、挪威、加拿大、新西兰、爱尔兰、以色列和斯洛伐克。详见《经合组织经济展望》。

来源：《经合组织经济展望》（*OECD Economic Outlook*），2018年卷，第2期，第2章，图2.2。

在这些条件下，不断扩大的经济不平等只有依靠实施再分配计划才能将其遏制。然而，"社会团结政治"的力量随着时间的推移已经日渐弱化。[28] 甚至连自动化话语的批评者，如经济学家大卫·奥特尔（David Autor）和罗伯特·J.戈登（Robert J. Gordon）也同样因为这些趋势而感到忧虑：经济出现了问题，导致了劳动力需求的低迷。[29]

那么，实际情况是否真的像自动化理论的支持者们所说的那样，是急速的技术变革导致了劳动力需求低迷吗？在这个问题上，我同自动化理论的批评者们持相同立场，认为情况并非如此。但是，在论述的过程中，我也会对这些批评者们的观点予以批评：一方面在于他们针对劳动力需求持续低迷问题所提出的不同解释只适用于高收入国家；另一方面则是因为他们也未能给出任何足以应对全球大规模劳动力需求不足的解决方案，哪怕是一个激进的社会变革构想。长期以来，劳动力需求不足一直困扰着世界经济，此外，加上新冠肺炎疫情的影响，这一问题可能会在接下来几年中出现持续的恶化。首先应当表明的是，相较于自动化话语的批评者，我更加赞同自动化话语中左派的观点。

即便自动化理论家的解释最终并不正确，他们至少还是让全世界关注了劳动力需求持续低迷这个真实的问题。他们也很好地构想了针对这一问题的解决方案，他们所提出的方案就整体而言是为了实现人的解放。自动化理论家们是我们晚期资本主义的乌托邦主义者。[30] 这个世界正面临着灾难的冲击：全球范围疫情肆虐、不平等不断加剧、新自由主义面临失控、族群民族主义重新抬头以及气候变化威胁迫近。在这样的情况下，自动化理论家们尝试着通过构想一个实现了人的解放的未来，以此帮助我们走出这场灾难。在他们构想的未来远景中，人类将跨入历史进程的下一个阶段（无论我们如何对其进行定义），同时技术将会把我们所有人解放出来，让我们能够自由地发现和**追随**我们的热情。这个观点是正确的，但是有一点需要注意：同过去的许多乌托邦构想一样，这些构想仍对**建设性社会变革如何发生**抱有技术专家式的幻想，需要将其予以剔除。

我将在后文章节提出四个反驳观点，以此作为对自动化话语的回应。第一，我认为，过去几十年的劳动力需求下降并非源自于技术创新的空前发展，而是源自于经济停滞加深环境下持续的技术变革。第二，我认为，这一劳动力需求不足通常表现为持续就业不足，而非大规模的失业现象。第三，我指出，由此导致的工人薪资微薄将继续为精英们所接受，甚至得到他们的欢迎；这意味着技术进步决然不会自发自发地采纳类似全民基本收入的技术专家式解决方案（同时，即便全民基本收入得到采纳，一个更大的可能性是它将会支撑起一个高度不平等的世界，而不是帮助破除这样的世界）。第四，我阐释了即使在完全生产自动化或接近完全生产自动化没有实现，我们仍有可能创造一个富足的世界。之后，我指出了一条有可能引领我们迈入这一世界的路径——不是借助行政干预，而是通过社会斗争。

回顾历史，只有在巨大的压力之下，社会政策才会出现重大改变。在今天，一场寻求改变社会秩序基本结构的新型大众社会运动正在兴起，它所带来的压力可能会推动政策改革的出台。对此，我们不应该感到畏惧害怕，而是应当投身其中，帮助阐明这场运动的目标和前进路径。如果这场运动遭遇失败，全民基本收入可能会是我们所能得到的最好结果，但是我们不应该将分配改革作为我们的目标，而是应当努力去构建一个后稀缺的世界。先进的技术有助于我们实现这个目标，即便全自动化生产可能无法实现，甚至不受待见。

自动化话语的回归是过往时代的症候，也是我们这个时代的症候：它的出现正值工作岗位供需出现巨大缺口，甚至连零工杂活都成了很多人争相抢夺的目标；在这种情况下，人们开始质疑市场监管社会是否能够存续。甚至早在新冠肺炎疫情暴发之前，劳动力市场就已出现了规模空前的极端崩溃。这是因为在过去的半个世纪，随着全球经济增速放缓，世界人口中以出售劳动力（或出售劳动力生产的简单产品）为生者的数量超过了以往任何一个时代。相较于常规的经济分析，反乌托邦的近未来科幻小说更适合用来描述我们当前的现实状况：在我们炎热的地球上，小型无人机在街头小贩和人力车夫的头顶上空飞行；富人居住在有安保人员守卫、采用了气候控制技术的社区，而其他人却只能在没有前途的工作岗位上消磨时间、玩手机游戏等。我们应当奋力挣脱这条时间轴线的束缚，转而踏上一条全然不同的生活轨迹。

在后稀缺的未来，人人能够获得生活一切所需，无一例外；后稀缺的未来可能会成为人类抗击气候变化的基础。它还可能会成为我们重新构建这个世界的基础，让我们创造出詹姆斯·博格斯所描述的情形："人类历史上将会第一次出现这样的场景，大众能够自由地从事探索与思考、质疑与创造、学习与教学的活动，而不必为下顿饭的着落担惊受怕。"[31] 在探索通往后稀缺未来道路的过程中，不仅需要实现工作和收入的脱钩，还需要实现利润和收入的脱钩。自动化理论家们已经认识到了前一点，而对于后一点，很多人还没有意识到。

2

劳动力的全球逆工业化

如果说技术导致工作岗位流失势将产生广泛的社会影响，那么它必将会对服务业就业产生巨大的冲击——在高收入国家，服务业吸纳了约74%的就业人口，而全球范围内，服务业吸纳就业人口的比例为52%。[1] 因此，自动化话语的倡导者们将目光投向于零售、运输和食品服务环节出现的"服务业自动化新形态"。他们认为，这些领域的"机器人化"发展"蒸蒸日上"，从事接订单、摆货架、开汽车、做汉堡的机器人大军规模日益增长。同时，他们表示，随着人工智能的发展，大批服务业岗位在未来几年可能会失去用武之地，其中包括一些原本需要几年教育培训周期的岗位。[2] 当然，这些说法大多只是对技术影响未来就业模式的种种预测。这些预测有可能会落空——例如，在2020年1月的第一个星期，美国大湾区有三家机器人公司或遭遇了关门倒闭，或被迫减少损失。[3]

在阐释其观点时，自动化理论家们通常会在参照制造业前例的基础上提出他们对服务业新趋势的设想。在制造业领域，就业灾难已经爆发。[4] 想要评估这些理论家的观点，从分析自动化对行业命运的影响入手不失为一种合理的办法。毕竟，制造业是最容易实现自动化的领域，因为在车间内部可以"彻底简化机器的工作环境，以实现机器的自主运行"。[5] 工业机器人的出现由来已久：1961年，通用汽车公司的工厂里安装了全球第一台工业机器人"Unimate"。即便如此，直到20世纪60年代末期，研究制造业的学者们仍对卢德派所担忧的长期技术性失业嗤之以鼻。在制造业中，就业增长速度最快的领域也正是技术创新速度最快的领域。其原因在于，在这些领域，价格下降的速度最快，从而刺激了产品需求的增长。[6] 但是，那个时代早已结束。在过去的50年中，工业化进程已被逆工业化所取代，这一情形不仅仅只存在于某一领域，而是广泛地出现在了多数国家的制造业部门当中。[7]

生产率悖论

在学术文献中，对逆工业化"最常见的定义是制造业就业人口占总就业人口份额的下降。"[8] 从20世纪60年代末70年代初开始，高收入国家最先出现了制造业就业份额的普遍下滑。1970年，美国制造业就业工人数量占全国就业人口总数的22%，到了2017年，这一比例下降到了仅8%。在同一时期，法国制造业的就业比例从23%跌至9%，英国从30%跌至8%。相较而言，日本、德国和意大利的下降幅度略小，但降幅仍然颇为显著：日本从25%降至15%，德国从29%降至17%，而意大利从25%降至15%。上述案例中的下降最终归因于制造业就业人数的大幅下跌。美国、德国、意大利和日本的制造业就业总数相较于第二次世界大战后的峰值下跌了约三分之一，法国的跌幅为50%，而英国的跌幅达到了67%。[9]

普遍认为，制造企业将生产线转移到了海外是导致这些高收入国家出现逆工业化的原因。当然，对于贸易赤字规模全球最高的英美两国而言，离岸外包的确是推动其逆工业化的一个因素。但在包括美英在内的上述所有国家中，制造业岗位流失同制造业绝对产出规模的下降并不存在关联性。恰恰相反，以实际增加值测算，美国、法国、德国、日本和意大利制造业产值在1970年至2017年间增长了一倍多。即便是在其中同期产值增速最低的英国，制造业实际增加值也实现了25%的增长。可以肯定的是，中低收入国家正出产越来越多的商品向高收入国家出口；然而，高收入国家的逆工业化不能仅仅归结为产能向中低收入国家转移，因为高收入国家在21世纪第二个十年末期的制成品产量超过了以往任何时期。同自动化理论家们的核心预期一致，在产量增加的同时，生产这些产品的工人数量却减少了。

正是基于这一点，评论人士们通常认为，导致发达经济体工业岗位流失最重要的原因是劳动生产率的迅速提高，而不是低成本进口产品的涌入。[10]但如果仔细观察，我们就会发现这种解释也不充分。几十年来，制造业生产率一直在缓慢增长，经济学家罗伯特·索洛（Robert Solow）也因此调侃道："计算机时代的到来随处可见，唯独在生产率统计里不见踪影。"[11]自动化理论家们也将这一"生产率悖论"视为他们理论阐释中的问题，对此进行了讨论——他们将此或归因于产品需求的疲软，或归因于低薪工人的持续存在。但是，他们低估了这一问题真正的重要性。其中部分原因可以归结于美国制造业劳动生产率的稳定增长，自1950年以来，其年均增速达到了3%左右。在此基础上，埃里克·布莱恩约弗森和安德鲁·麦卡菲提出，自动化的影响可能体现于指数式增长的复合效应，而不是增长速度的小幅提升。[12]

美国官方的制造业增速统计数据过分地夸大了实际情形，因为在这些统计中，生产出处理速度更快的计算机被视同为计算机产量增长。[13]因此，在美国官方统计中，作为制造业子行业的计算机和电子产品制造业，其生产率水平在1987年至2011年以年均超10%的速度飞快增长，即便同一时期其他子行业生产率增速已经跌至2%左右。[14]从2011年开始，整个制造业呈现日渐恶化的趋势：2017年全行业就业人口人均实际产出低于2010年水平。制造业生产率增速的崩盘恰恰发生在自动化理论家们认为技术发展应当推动生产率迅速上升的时候。

修正后的美国制造业生产率统计数据与德国和日本等国已出现的趋势更加一致。这些国家的制造业生产率增速已从第二次世界大战后的峰值大幅跌落。德国制造业生产率年均增速从20世纪五六十年代的6.3%，下降到了2000年至2017年的2.4%。从某种程度上说，这一下降趋势是追赶式增长时代落幕的一种意料内的结果。这一结果仍然可能会让自动化理论家们感到惊讶，因为德国和日本在工业机器人领域已经领先于美国。事实上，特斯拉在加州的高度自动化汽车工厂中使用的机器人是由一家德国机器人公司所制造。[15]截至

2016年,德国和日本企业中制造业工人的人均使用工业机器人数量比美国高出60%。[16]

即便制造业生产率增长低迷,所有这些国家的逆工业化进程依然在继续;也就是说,逆工业化如自动化理论家们所预料的一样出现了,但其产生的原因并不是他们所认为的那样。为了更详细地探讨逆工业化的原因,我将会用到如下几个定义。产出,如上文及下文所提及,是以实际或通货膨胀调整后的"增加值"为标准对某一经济部门产量(生产了多少)的测度。[17] 国内生产总值,又称GDP,代表了整个经济体的增加值。本书使用的就业是指对工人数量的测度,而不是对工作时间的测度——通常而言,除了富裕国家以外,其他地区并无工时统计数据。而生产率则是产出和就业人数的比率:每位工人产出越多,那么工人的生产率水平就越高。对于任何经济部门而言,产出增长率(ΔO)减去劳动生产率增长率(ΔP)等于就业增长率(ΔE),即 $\Delta O - \Delta P = \Delta E$。[18] 依照其定义,这个等式是正确的。假设汽车行业的产出年增长率为3%,而生产率年增长率为2%,那么我们可以算出,该行业就业年增长率为1%(3−2=1)。反之,如果产出每年增长3%,生产率每年增长4%,这意味着就业每年减少1%(3−4=−1)。

我们可以分析法国制造业产出增长率的崩溃,从而了解高收入国家普遍出现的典型模式(如图2.1所示)。[19] 在第二次世界大战后资本主义的"黄金时代",法国制造业生产率增长率远高于今天的水平:从1950年至1973年,生产率增长率为年均5.2%;且产出增长率甚至更高,达到了年均5.9%的水平。其结果是,就业规模以每年0.7%的速度稳步增长。自1973年以来,产出增长率和生产率增长率均出现了下滑,但是产出增长率的跌幅远远大于生产率增长率的下降幅度。到了21世纪初期,生产率年均增速为2.7%,远远低于第二次世界大战后时期的水平。然而,放缓后的生产率增长率此时已经高于相应的工业产出增长率,后者仅为0.9%。导致的结果是,法国制造业就业人数以年均1.7%的速度迅速收缩。甚至在此之前,逆工业化的进程事实上已经开启:在制造业就业人数增长率持续低于总劳动人口增长率之后,制造业的就业份额很快进入了下行轨道。

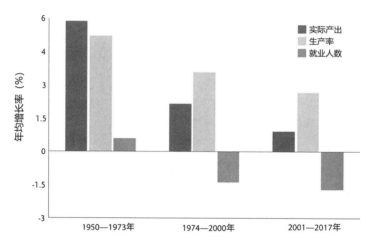

图2.1 法国制造业部门(1950—2017年)

来源:世界大型企业联合会《生产率与单位劳动力成本国际比较》(Conference Board, International Comparisons of Productivity and Unit Labour Costs),2018年7月版。

分析法国制造业产出增长率的崩溃有助于解释为什么自动化理论家们会错误地认为制造业生产率在快速地增长。相对于产出增长率,生产率增长率一直处于高位,但并非因为生产率增长相较以往出现了提升——如果真是如此,这将是自动化加速的一个确定的迹象。实际的原因恰恰相反,这一趋势的关键在于产出增速相较以往出现了显著的放缓。在其他国家的统计数字中也能够看到同样的模式:制造业产出水平没有出现绝对下降(生产的产品越来越多),但产出增长的速度却出现了下降,因此产出增长速度持续低于生产率增长速度(见表2.1)。随着一个接一个国家出现工业产出增长速度跌破相应生产率增长速度,经济指标量的下降成了质的影响:制造业就业份额逐步下降。经济停滞的恶化同技术活力不足因素相叠加,催生了劳动力的全球逆工业化。

表2.1 制造业增长率 (1950—2017年)

(单位:%)

项目	年份	产出	生产率	就业
美国	1950—1973	4.4	3.1	1.2
	1974—2000	3.1	3.3	-0.2
	2001—2017	1.2	3.2	-1.8
德国	1950—1973	7.6	5.7	1.8
	1974—2000	1.3	2.5	-1.1
	2001—2017	2.0	2.2	-0.2
日本	1950—1973	14.9	10.1	4.3
	1974—2000	2.8	3.4	-0.6
	2001—2017	1.7	2.7	-1.1

来源:世界大型企业联合会《生产率与单位劳动力成本国际比较》(Conference Board, International Comparisons of Productivity and Unit Labour Costs),2018年7月版。

这种"产出主导"的逆工业化无法从纯粹的技术角度进行解释。[20] 经济学家们从其他角度进行的解释大多将这一趋势视为发达经济体的一种无害的演化特征。[21] 然而这一观点本身并不能解释这种所谓的经济演变为什么会伴随着人均GDP的极端变化。逆工业化最早出现在20世纪60年代末70年代初的高收入国家，彼时也是美国、欧洲和日本人均收入趋同时期的末尾阶段。在随后的几十年里，逆工业化"过早地"蔓延到了中低收入国家，人均收入也出现了较大的差异（如图2.2所示）。[22] 很多贫困国家的工业化峰值水平极为低下，可能说它们从未出现工业化反而更准确些。[23]

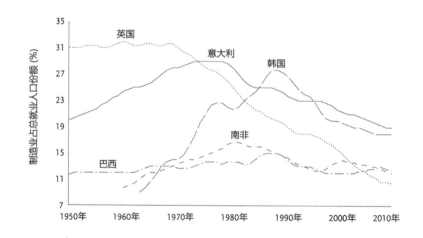

图2.2 全球逆工业化浪潮（1950—2010年）

来源：格罗宁根增长与发展中心十部门数据库（*Groningen Growth and Development Centre, 10-Sector Database*），2015年1月版。

20世纪末出现了一场堪称全球性的逆工业化浪潮：1991年至2016年，全球制造业绝对就业人数年均增长0.4%，但这仍然远低于全球劳动力的增长水平，导致制造业占总就业人数份额同期下降了3个百分点。[24] 中国是一个重要的例外，但只是部分例外（如图

2.3所示)。20世纪90年代中期,中国国有企业裁减了数百万工人,造成了制造业就业份额的稳步下降。[25] 从就业角度看,中国在21世纪初的几年开启了再工业化的进程,但是到了2015年前后,逆工业化却又再度出现。自此之后,中国制造业就业份额出现了大幅下降,从2013年的19.3%跌至2018年的17.2%。如果逆工业化的出现无法从自动化和发达经济体内部演化的角度进行解释,那么导致这一趋势的原因又是什么?

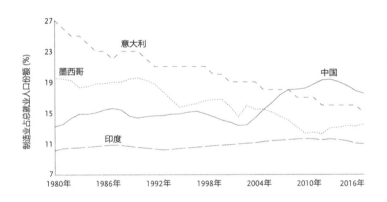

图2.3 中国、印度和墨西哥的逆工业化(1980—2017年)

来源:世界大型企业联合会《生产率与单位劳动力成本国际比较》(Conference Board, International Comparisons of Productivity and Unit Labour Costs),2018年7月版。

制造业产能过剩之弊

经济学家们解释逆工业化的原因所忽略的一点,也同样未能引起自动化理论家们的关注。实际情况是，制造业的产出增长率出现了下降趋势，这一趋势不仅仅出现在某个国家，而是出现在了全世界范围内（如图2.4所示）。[26] 在20世纪五六十年代，全球制造业实际产出以年均7.1%的速度增长。这一数字在70年代逐渐降至4.8%，在1980年至2007年又跌到了3.0%。从2008年至2014年，全球制造业产出的年均增速仅为1.6%——不到第二次世界大战后"黄金时代"的四分之一。[27] 值得注意的是，这些数字还计入了中国制造业急剧扩张的产能。

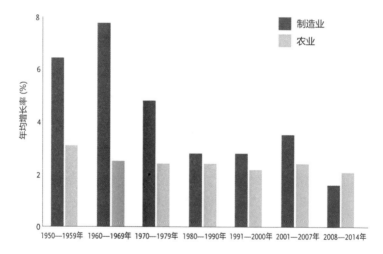

图2.4 全球制造业和农业产出（1950—2014年）

来源：世界贸易组织《2015年国际贸易统计》(World Trade Organization, International Trade Statistics 2015)，表A1a，《世界商品出口、产出和国内生产总值(1950—2014)》(World Merchandise Exports, Productionand GDP)。

这里我们仍然可以用全球制造业产出增长率急剧放缓来解释为什么制造业生产率在表面上增长迅速，而实际上却出现了相较以往大幅的增速放缓。如自动化理论家们所说的那样，在产量增加的同时，生产这些产品的工人数量却减少了，但是它的原因并不是技术变革推动了生产率的高速增长。实际情况远非如此——制造业之所以出现了生产率迅速增长的表象，是因为参照对比的指标——产出增长出现了持续的缩减。

同马克思主义经济历史学家罗伯特·布伦纳的观点一致，我认为全球逆工业化浪潮的出现并非源自急剧的技术变革，而是首先源自全球制成品市场日益恶化的产能过剩。[28] 第二次世界大战后，产能过剩的规模开始逐步加大。在战后不久的一段时期内，美国是世界上最具活力的经济体，拥有最先进的技术：1950年，美国经济每小时的产出是欧洲国家的两倍以上。[29] 为了遏制共产主义在欧洲、东亚和东南亚的发展，美国将技术分享给了曾经的对手——德国和日本以及其他"前线"国家，从而将其纳入自己的安全保护伞之下。[30] 在第二次世界大战后的前几十年中，这些技术转让对欧洲国家和日本的经济增长起到了巨大的推动作用，为出口导向的快速扩张创造了机会。除了这一战略之外，这些国家还通过1949年货币对美元贬值提高了它们的国际竞争力，但这一举措的代价是本国劳工阶层购买力的削弱（在很多欧洲国家，左派政党因此被驱逐出政府）[31]。然而，如布伦纳所言，全球制造业产能扩张很快引发了过剩问题，导致制造业产出增长率出现了"长期衰退"。

在此过程中，起到关键作用的不仅仅是后来阶段全球南方国家的制造业产能扩张，同样还有德国、法国、意大利和日本等国家在较早时期的产能构建。在这些国家，出现了战后早期的一批低成本生产商。这些企业首先成功打入了全球工业品市场；其次成功地打入了此前固若金汤的美国国内市场。由于同低成本生产商的竞争不断加剧，美国工业产出增长率从20世纪60年代末开始出现下滑，导致了就业的逆工业化。为了应对进口渗透率的上升，美国在20世纪70年代初打破了布雷顿森林秩序，通过美元贬值的方式提高了美国企业的国际竞争力。这些问题也从北美和西北欧蔓延到了整个欧洲大陆和日本。[32]

尽管这些高收入地区企业之间的竞争仍在不断加剧，但这仍然无法阻挡更多国家纷纷跟进投入打造制造业产能、推行出口导向增长战略并跻身全球制成品市场。随着制造业产能开始扩张并参与国际竞争，制造业产出增长率的下降和随之而来的劳动力逆工业化开始向更多地区蔓延：拉丁美洲、中东、亚洲和非洲，乃至全球。在1982年第三次世界债务危机之后、国际货币基金组织主导实施结构调整计划的过程中，大多数发展中地区出现了逆工业化。随着贸易自由化推动贫困国家开放进口，金融自由化促使热钱流入"新兴市场"，这些国家的货币开始急剧升值。随着市场竞争的加剧，这些地区的单位劳动成本也出现上升。其结果是，企业既无法同进口产品竞争，也无力将产品出口海外。[33]

逆工业化不仅是技术发展的问题，还是全球产能和技术能力过剩的问题。在竞争更为激烈的国际市场上，工业快速扩张也变得更难实现。[34] 全球制成品市场价格低迷是导致这一问题向全球扩散的机制（这也解释了为什么货币估值变化在决定竞争力方面发挥了重要的作用）[35]。正如同哈佛大学经济学家丹尼·罗德里克（Dani Rodrik）所言，"发展中国家从发达国家'进口'了逆工业化"，原因在于发展中国家被"暴露"于资本主义核心的"相对价格趋势"之下。[36]

在全球范围内，制成品价格的低迷导致了单位资本收入比率的下降（资本生产率的下降），继而带来了利润率的下降，再而造成了投资率的下降，最后导致了产出增长率下降。[37] 在这种环境下，企业面临着更加激烈的市场份额竞争：随着整体增长率的放缓，新创公司只有通过抢夺老牌企业的市场份额才能实现快速发展。老牌企业采取的应对策略是退居到了全球价值链的顶端。产能过剩可以解释为什么从 20 世纪 70 年代初开始，生产率增长率下降的严重程度低于产出增长率的下跌。有的企业尽其所能地提高了生产率水平，从而努力跟上竞争对手的步伐，尽管其产品需求的增长速度仍然较慢；有的企业则最终关门倒闭、从此不再计入统计数据。[38] 尽管相较以往而言，技术创新在推行速度上有所放缓，但仍然造成了整个制造业部门的岗位流失。[39] 随着产出增长率下滑并接近（在很多情况下低于）生产率增长率的情形在各国接连出现，逆工业化蔓延到了整个世界。

如果我们能够摆脱工业自动化的视角，转而从全球产能过剩角度去解释全球逆工业化浪潮，那么我们就会理解这一现象的一些原本看似矛盾的特征。例如，产能过剩的规模越来越大，这解释了为什么逆工业化不仅伴随着新型节约劳动力技术的开发，还伴随着大型劳动密集供应链的建立——这一做法通常还会对环境造成更大的破坏。[40] 这一过程的关键转折出现在 20 世纪 60 年代，彼时，日本和德国的低成本产品打入了美国国内市场，造成美国工业进口渗透率从 60 年代中期不到 7% 的水平飙升至 70 年代初期的 16%。[41] 从那时起，高劳动生产率无法继续充当抵御低薪国家竞争的屏障。在这一背景下，采取了生产全球化作为应对策略的公司均取得了不错的业绩。面对价格竞争，美国的跨国公司建立了国际供应链，将生产过程中劳动较为密集的环节转移到国外，并引入供应商竞价从而坐收最优价格。[42] 60年代中期，中国台湾地区和韩国设立了首批出口加工区。就连曾在圣何塞地区生产电脑芯片的硅谷也将生产转移到了低薪地区，在那里采用了较为低端的技术，并受益于较为宽松的环境污染和劳工安全法律。[43] 德国和日本的跨国公司也推行了类似战略，并在所到之处都能获得新建运输基础设施和通信基础设施的支持。[44]

生产全球化使得全球最富裕经济体的制造能力得以保留，但是它并未扭转劳动力逆工业化的整体趋势。随着供应链在世界各地纷纷涌现，越来越多国家的企业被卷入世界市场竞争的漩涡之中。在一些国家，这一过程还伴随着新建工厂选址位置的改变：面向国内市场生产的铁锈地带（Rust Belt）开始衰落；融入全球供应网络的阳光地带（Sun Belt）则出现了急剧扩张。在美国，查塔努加的兴起以底特律的衰落为代价；在墨西哥，华雷斯的兴起以墨西哥城的衰落为代价；在中国，广东的兴起以东北的衰落为代价。[45] 但是，考虑到世界市场扩张速度的整体放缓，面向世界市场的重新定位结果也不尽如人意：阳光地带的兴起未能抵消铁锈地带的衰落，导致了全球逆工业化的出现。

与此同时，全球制造业产能过剩也解释了为什么成功实现高度机器人化的国家并不是遭受逆工业化程度最为严重的国家。2016年，以制造业中每千名工人使用机器人数量衡量，同美国（19）和英国（7）相比，韩国（63）、德国（31）和日本（30）在实现完全自动化的道路上走在了前列。而在同一年，韩国（17%）、德国（17%）

和日本（15%）的制造业就业份额显著高于美国（8%）和英国（8%）的水平。在激烈的全球竞争这一背景下，高度机器人化转化成为了国际竞争优势，帮助企业为其生产的商品在世界市场上赢取更多份额。与美国工人不同的是，欧洲和东亚企业的工人认为自动化有助于保护他们的工作岗位。[46] 中国企业也一直是全球制成品市场的主要参与者，为中国工业部门的产出增长和就业增长提供了巨大的推动力，但中国企业在这一领域的进步并不是因为高度的机器人化（2016年中国制造业每千名工人中只部署了7台机器人），而是由于低薪酬、中高端技术和强大的基础设施能力几个因素的叠加。不过，结果还是一样的：尽管全系统内存在产能过剩和增速缓慢问题，中国还是迅速地实现了工业化，因为中国的企业能够从其他企业手中夺取市场份额——不仅在美国，在墨西哥和巴西等国家也同样如此，否则就也无从实现工业化。在平均增长率较低的环境中，企业只能抢夺竞争对手的市场份额来实现高速增长。随着薪资水平的提高，中国是否还能保持其竞争地位仍然是一个悬而未决的问题；中国企业一直在推行机器人化，从而试图避免这种可能性的出现。[47]

3

笼罩在停滞的阴影下

第二章从产能过剩加剧的角度解释了制造业工作岗位流失的原因。从表面上看，我所引述的证据似乎无法解释整体经济的趋势：薪资停滞、劳动收入份额下降、劳动参与率下滑以及经济衰退后的无就业复苏——在自动化理论家们看来，出现这些趋势的原因在于技术活力的提升。因此就各国服务业乃至全球经济劳动力需求的下降而言，自动化似乎仍然是一种很好的解释。然而，自动化对服务业产生的影响远不及它对制造业所造成的冲击。事实证明，相较于自动化理论家们提出的技术活力说，我提出的工业停滞恶化说能够更好地解释更大范围内出现的劳动力需求下降问题。其原因在于，自20世纪70年代起，随着各国接连出现制造业产出增长率的停滞，并没有出现能够替代工业部门的重要经济增长引擎；相反，伴随着制造业产出增长率放缓的是整体GDP增长率的放缓。

增长引擎失速

这些相互交织的趋势在高收入国家的经济统计中颇为显眼。法国是一个鲜明的例子（如图3.1所示）。1950年至1973年，法国制造业实际增加值年均增长5.9%，经济总量实际增加值（GDP）年均增长5.1%。[1] 从1973年开始，这两种增长率均出现了显著下跌：2001年至2017年，制造业增加值年均增速仅为0.9%，相比之下，GDP增长速度稍快，但仍旧缓慢，年均增速仅为1.2%。需要注意的是，在20世纪五六十年代，制造业增加值增速通常高于经济增速。制造业充当了整体经济增长的重要引擎。从1973年开始，制

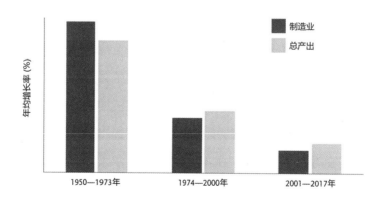

图3.1 法国制造业和总产出增长（1950—2017年）

来源：世界大型企业联合会《生产率与单位劳动力成本国际比较》（Conference Board, International Comparisons of Productivity and Unit Labour Costs），2018年7月版。

造业增加值增长率被整体经济增长率反超。类似模式也同样出现在了其他国家（见表3.1）。出口主导型增长引擎逐渐失速，与此同时，各国接连出现了经济增长的大幅放缓。[2]

研究逆工业化的经济学家们常常指出，尽管制造业在名义GDP中所占份额出现下降，但它在实际GDP中所占份额一直较为稳定，这一情况直到近年才有所改变。

表3.1 制造业和GDP增长率（1950—2017年）

（单位：%）

项目	年份	制造业增加值	GDP
美国	1950—1973	4.4	4.0
	1974—2000	3.1	3.2
	2001—2017	1.2	1.9
德国	1950—1973	7.6	5.7
	1974—2000	1.3	1.9
	2001—2017	2.0	1.4
日本	1950—1973	14.9	9.3
	1974—2000	2.8	3.2
	2001—2017	1.7	1.9

来源：世界大型企业联合会《生产率与单位劳动力成本国际比较》(Conference Board, International Comparisons of Productivity and Unit Labour Costs)，2018年7月版。

也就是说，在1973年至2000年，制造业实际增加值和实际GDP的增长速度大致相当。[3]同时也没有出现需求从工业向服务业的明显转移。这说明随着制造业的活力出现衰退，整体经济的活力也同样开始衰退。

将衰退从制造业传导至整个经济体系的主要机制是投资速度的放缓,它所对应的是用于扩大生产的商品服务需求出现下降。这一现象反过来又会减少企业对工人的雇佣、继而抑制消费的需求。从整体经济角度看,产能过剩造成了投资不足的表象——尽管因为结构性的特点,投资不足并无明确解决方案。发达资本主义国家的资本存量(即以不变价格计算的建筑、设备和软件的价值)增长率出现了日趋下降(见表3.2)。例如,美国资本存量年均增速在1951年至1973年为3.6%,这一数字在1974年至2000年下降至2.8%,在2001年至2017年又跌至1.8%(2009年之后,美国资本存量年均增速仅为1.3%)。[4] 随着一般企业纷纷削减用于扩大固定资本的投资规模,劳动生产率平均增长率也开始出现下降。这是因为劳动节约型技术创新或通常体现为资本品(capital good),或需要通过对资本品的补充投资才能实现。[5] 1951年至1973年,美国的劳动生产率年均增速为2.4%,这一数字在1974年至2000年降到了1.4%,在2001年至2017年又跌到了1.2%(2011年至2017年,生产率年均增速仅为0.7%)。其他高收入国家也出现了类似,甚至更为严重的趋势。

表3.2 资本存量和劳动生产率增长率 (1950—2017年)

(单位:%)

项目	年份	资本存量	生产率
美国	1950–1973	3.6	2.4
	1974–2000	2.8	1.4
	2001–2017	1.8	1.2

项目	年份	资本存量	生产率
德国	1950—1973	6.9	4.7
	1974—2000	2.3	1.7
	2001—2017	1.0	0.7
日本	1950—1973	9.3	7.6
	1974—2000	4.7	2.5
	2001—2017	0.7	0.7

来源：世界大型企业联合会经济总量数据库 *(Conference Board, Total Economy Database)*，2019年4月版；格罗宁根增长与发展中心《宾州大学世界统计表9.1》*(Groningen Growth and Development Centre, Penn World Table 9.1)*，2019年9月版，检索自美国圣路易斯联邦储备银行联邦储备经济数据库 *(FRED, Federal Reserve Bank of St. Louis)*。

因此，制造业活力衰退所导致的整体经济停滞趋势解释了经济系统中为什么会出现劳动力需求下降的问题，以及自动化理论家们提出的问题：实际薪资停滞不前、劳动收入份额下降等。[6] 整个经济体系之所以出现劳动力需求下降，并不是因为自动化提升了服务业部门的生产率增长率；事实恰恰相反，非制造业的生产率增速甚至低于制造业水平。以德国和日本为例，2001年至2017年，两国制造业生产率年均增速度分别为2.2%和2.7%，而同期两国整体经济生产率增速均仅为0.7%。自动化理论家们又犯了同样的错误：他们认为，生产率正经历着快速的增长；但事实上，产出增长率已经随着时间的推移出现了急剧的下降。

同高收入国家一样，在包含中国在内的世界经济体系中，这些趋势也同样明显（见图3.2）。20世纪五六十年代，全球制造业增加值和GDP分别以7.1%和5%的速度快速扩张，并且制造业增加值增速大幅领先于GDP增速。自70年代开始，随着全球制造业增

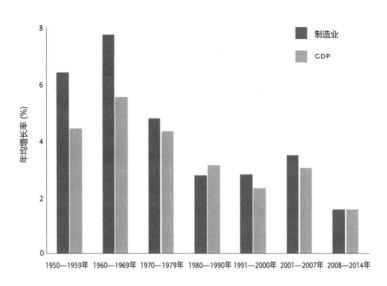

图3.2 全球制造业和总产出（1950—2014年）

来源：世界贸易组织《2015年国际贸易统计》（*World Trade Organization, International Trade Statistics 2015*），表A1a，《世界商品出口、产出和国内生产总值(1950—2014)》（*World Merchandise Exports, Production and GDP, 1950—2014*）。

加值增速放缓，全球GDP增长也同样放慢了步伐。在此后的几十年中，全球制造业增加值增速在大部分时间里都继续领先于GDP增速，但其领先幅度已大为减少。这两个指标在2008年至2014年的年均增长速度尤为缓慢，均为1.6%。这又一次说明了随着制造业增长率的下降，并未出现可以代替工业的增长引擎。并非世界经济所有区域都经历了同样或同等程度的放缓，但是，即便是包括中国在内的这些经历快速增长的国家也不得不应对全球经济的放缓及其后果。2010年后，中国经济增长率出现了显著的放缓，经济开始了逆工业化。印度也经历了同样的情况。其他金砖国家经济体——南非、俄罗斯和巴西的情况更糟：2011年前这些国家经历了增长率的崩溃，然而这还只是新冠肺炎疫情危机之前；新冠肺炎疫情危机又导致了全球制造业生产规模的大幅削减。全球制造业增加值增长率和GDP增长率可能会在21世纪20年代出现进一步的下降。

回顾半个多世纪以来的经济趋势可以看出，制造业是一台驱动经济增长的独特引擎。[7] 通过推行适用于多领域的技术，生产率的逐步提高通常能够很快在工业生产中得到体现。工业也同样能够受益于大规模经济，随着产量的增加，生产率水平也会随之提高。事实上，根据凡登定律（Verdoorn's law）所揭示的经济规律，工业产出增速越快，则生产率增速也会越快。一些评论人士认为，当前经济出现停滞期可归因于技术发展前沿的枯竭——仿佛所有的发明创造都已问世，不会再有新的发明出现，但实际情况更有可能是工业扩张速度的放缓导致了工业生产率增长的低迷，而非反之。[8]

同时，工业部门并不存在必然的界限：其范畴涵盖所有可由工业流程实现的经济活动，并且越来越多的经济活动会通过工业方式得以实现。将工人们从农业、国内工业和国内服务业低生产率岗位转移至工厂高生产率岗位的劳动力再配置过程提高了工人的人均收入水平，也由此提高了经济增长率。日本、韩国和中国台湾地区等收入堪比西方水平的经济体也大多是通过工业化实现了收入的大幅提升。它们抓住了为世界市场供应产品的机会，不断扩大规模、采取先进技术，从而实现了单靠本土市场需求无法实现的高速增长。[9]

制造业的重要作用似乎令人惊讶，因为从增加值角度看，制造业部门在经济活动中的份额正在不断缩小。但是从总产出角度看，制造业在整个经济领域有着更为显著的"足迹"。和增加值有所不同，总产出还涵盖中间投入品（即企业所消耗的商品和服务）的成本。[10] 即便是在贸易逆差巨大的美国，其2000年制造业总产出也占到了GDP总量的42%。在21世纪的第二个十年，这一份额下降至30%（这十年间经济停滞的问题日渐恶化）。日本制造业总产值占GDP的比重仍然相对较高，在2017年，这一比重依旧高达59%。[11]

替代引擎的缺位

由于技术能力广为复制、全球产能出现过剩、市场争夺日趋激烈，工业化的增长引擎逐渐停滞，同时尚未出现替代性的引擎继续驱动经济快速增长。工人从低生产率岗位向高生产率岗位的转移再配置并没有出现，相反，在服务部门出现了工人们大规模转移到低生产率岗位的情况。随着各国开始了逆工业化的进程，这些国家逐渐积累了规模巨大的金融化资本。这些资本偏好于持有高流动性资产并从中获利，而无意于长期投资新的固定资本。[12]尽管工业产能过剩规模高居不下，但对于资本而言，实体经济中没有利润更高的投资领域。如果这样的领域真的存在，我们就会发现其存在的证据——更高的资本积累率以及因此而更高的GDP增长率。但现实的情况恰恰与此相反，我们看到的是持续的投资缩减（企业纷纷动用闲置现金回购股票或分红派息）以及因可贷资金远大于需求而导致的长期利率下降。

在这种情况下，大量的资金流入金融资产。巨大资产泡沫的扩张周期性地催生了"财富效应"：富裕家庭将年收入更大比例用于消费，因为表面上看其资产似乎为他们创造了财富。[13]美国经济已经越来越依赖于这种泡沫驱动的消费支出。[14]一旦泡沫破灭，这些富裕家庭就会缩减消费、偿还债务，从而催生周期冗长的经济衰退。日本在1991年泡沫破灭之后，成为了首个经历资产负债表停滞的国家，因此这一现象有时被称为"日本化"。[15]经济泡沫破灭之后出现的增长放缓表明，能替代制造业持续驱动增长的经济引擎尚未出现。事实上，尽管发达经济体出现了金融化的现象，其兴衰仍与制造业的命运紧密相连（这有助于解释企业在应对积累过剩时为什么会试图提高现有产能的灵活性和效率，而不是将市场份额拱手让给其他国家的低成本公司）。[16]

例如，在20世纪80年代末90年代初，低迷的美国制造业经历了短暂的复苏，其原因在于美元的大幅贬值、实际薪资的停滞以及公司税的下调。这些因素大幅提升了美国工业企业的国际竞争力，同时也牺牲了国内劳工阶层的利益。[17]学界将这一时期美国经济的回暖视为由信息和通信技术引领的短暂繁荣。但是，这一时期美国经济的运行并未脱离全球经济下滑趋势。1985年后，随着美元的贬值，相应出现了欧洲和日本货币的升值，造成欧洲和日本企业制造业竞争力的下滑、固定资本投资率的跌落以及经济增长率的放缓。[18]这些地区并未出现信息和通信技术引领的经济复苏；相反，从20世纪70年代到21世纪初，欧洲和日本的经济增速出现了长期的放缓。从日本制造业流出的资本涌入了金融资产，导致该国的房地产泡沫（资产泡沫时代最大的泡沫）进一步膨胀，此后，泡沫的破灭将日本经济拖入困境并对世界经济造成了威胁。日本银行在20世纪90年代初采取了紧急措施加以应对，这些政策也为2008年金融危机后美联储和欧洲央行制定政策提供了模板。[19]

20世纪90年代中期，由美国推动的美元升值在一定程度上为日本和德国经济国际地位的恢复创造了空间，从而避免了一场更大的全球性危机。然而，这场救援行动也造成了一个意外后果：美国及货币同美元挂钩的东亚国家（如韩国）眼睁睁地看着刚出现不久的经济繁荣化为泡沫。其制造业部门不再是经济快速增长的引擎；资本从制造业逃离，转而流入金融资产。由此导致的资产泡沫的破裂（东亚出现的时间是1997年，美国出现的时间是2001年和2007年）暴露了由工业产能过剩和投资不足导致的深层次结构性停滞趋势。[20]

由于尚未找到能够替代制造业充当增长引擎的可持续驱动力，因此这也解释了贫困国家政府鼓励国内生产商打入已经供过于求的国际制造业市场的原因。[21] 作为全球性需求的重要来源，国际市场的地位仍然尚无替代。农业也存在产能过剩，其严重程度甚至超过了工业；与此同时，不可贸易业态占多数的服务业在全球出口中仅占据着极少的份额。[22] 在这种情况下，各国如想同国际市场保持紧密的联系，那么就必须想方设法嵌入工业领域。2001年至2007年，全球制造业扩张的加速为金砖经济体（巴西、俄罗斯、印度、中国和南非）的出口导向发展创造了机遇，一些经济学家也由此提出了贫富地区收入趋同的理论，并认为这一态势改变了殖民主义遗产长期存续所导致的长达数百年的收入分化。[23] 然而，事实证明这一短暂繁荣依赖着高收入国家的债务驱动型消费，而这一消费模式也随着2007年美国房地产泡沫的破裂戛然而止——这一现象再一次揭示了全球工业产能过剩和投资不足的整体趋势。

在这一时期,经济下滑对中低收入国家的破坏性尤其严重,不仅因为这些国家更为贫困,而且还因为经济下滑的出现正值劳动力迅速扩张的时代。从1980年到2018年,全球劳动力人口(包括领薪劳动力和无薪劳动力)增长了约75%,逾15亿人加入了全球劳动力市场。[24] 这些劳动人口大多生活在较贫穷的国家,他们在人生的成长和求职阶段恰不逢时地赶上了全球工业产能过剩开始塑造后殖民国家经济增长模式的时代。20世纪70年代末80年代初,美国和欧洲制成品进口增长率的下跌引发了1982年第三世界债务危机,随后,在全球增长不断放缓、中国竞争力持续提高的背景之下,国际货币基金组织主导推行了结构调整,此举推动了各国进一步地融入全球市场。[25]

对此,有些人可能会认为,只要将时间从非常态化的战后"黄金时代"向前推移(如推移至第一次世界大战之前),就会发现全球增长率低迷也只是一种常态。但是,从全球角度审视劳动力需求的下降,可以帮助我们解答这一疑问。诚如所言,1870年至1913年,欧洲"美好时代"的平均经济增长率与今天的增长率具有更大的可比性。[26] 然而,在那个时期,大部分人口仍然生活在农村,生产的东西也多用于生活所需。[27] 占据全球主导地位的欧洲各大国不仅将新型制造技术的传播限制在少数几个地区,还积极推动其他经济体的逆工业化。[28] 尽管劳动力市场人数出现下降、工业化覆盖国家的数量亦有缩减,和战间期的情形相似,第一次世界大战前的劳动力需求持续低迷,导致了就业不安全感程度的加深、不平等加剧的后果,也造成了旨在推动经济关系变革的社会运动汹涌澎湃。[29] 就这一点而言,我们今天的世界的确同"美好时代"颇为相似。[30] 然而,二者的不同之处在于,如今全球劳动力市场上求职的人口比例远高于此前这一时期;在劳动力需求低迷的经济环境之下,这些求职者也饱受工作不安全感的困扰。同时,由于经济停滞趋势尚未解决,加上新冠肺炎疫情的不利因素,我们这个时代的经济平均增长率可能会出现进一步的下降。历史上的先例表明,和战争不同的是,疫情大流行过后并不会出现经济的繁荣,而是会出现GDP增长率的长期下降。[31]

技术的影响

在自动化理论家们看来是由技术活力提升导致的结果,实际上是几十年来制造业产能过剩和投资不足造成的经济停滞加剧所导致的后果。这些理论家们认为生产率增长速度的加快是导致劳动力需求下降的主要驱动因素,而事实上产出增速的下降才是造成这一现象的主要原因。这一错误认知的出现也并非毫无由头。决定劳动力需求的因素是生产率增长率和产出增长率之间的差距。他们错误地理解了这一差距的缩小(他们误认为其原因在于生产率增长率的提高,而非产出率增长率的下降)导致了这一自动化话语谬以千里。为了支持其有关劳动力需求低迷原因的观点,自动化理论家们还试图搜寻技术方面的证据。在这一过程中,自动化理论家们遗漏了能够解释这一现象的真正原因:全球制造业市场拥挤不堪、固定资本投资率持续下降以及相应而来的经济放缓。

然而，即便自动化本身并非导致劳动力需求低迷的主要原因，在一个增长缓慢的经济体之中，技术变革仍然可以造成大规模的岗位流失。例如，2000年至2010年，美国制造业出现了急速的岗位削减。如果经济能够保持快速增长，则很容易创造新的工作岗位填补流失掉的工作岗位（这将会是"创造性破坏"的经典案例）。[32] 相比之下，在经济持续放缓的环境下，失业工人们将会面临巨大的就业障碍。理清这些更为广泛的经济条件让我们能够重新探讨技术对岗位流失的影响，并解释"自动化"这个词对于其普遍发生模式而言具有一定的误导性的原因。

在寻找技术和岗位流失之间种种关联的过程中，自动化理论家们的做法令他们误入歧途。很多文献将数字时代的研发活动描述为身着白色实验服的工程师们追随技术指引，而无需担心"最终结果"或"社会后果"。[33] 一张张展示计算能力呈指数级增长的图表（揭示处理器速度增长的摩尔定律成为了一般性技术变革的代表）表明技术将会沿着预设路径自动发展，[34] 继而激发人们遐想"奇点"时代即将到来：在这个时代，机器智能将最终催生科幻式的人工通用智能，其发展速度将会远超人类想象。[35]

在现实中，技术的发展是一个高度资源密集的过程，因此，研究人员在探索某些研究路径的时候，不得不以牺牲其他研究路径为代价。在我们的社会中，企业必须专注于开发可盈利技术。由于数字服务多是在线免费为终端用户提供的，想要从中赚取利润颇为困难。社交网站Facebook的工程师们并未专注于推动人工通用智能的发展，而把时间花在了研究老虎机上，想方设法让人们沉溺于他们的网站，不断地返回查看通知、发布内容、浏览广告。[36] 其结果是，和所有的现代技术一样，这些数字产品远远未能实现"社会中立"。[37]由美国政府开发、资本主义企业塑造的互联网并非其唯一可能的存在形式。[38]机器人技术也同样如此：在技术进步的路径选择方面，资本对工作过程仍然拥有绝对的控制权。[39]能够赋予装配线工人以力量的技术无人问津，而能够全方位监控他们的技术却备受热捧。[40]对于想借助现有技术来实现解放人类这一新目标的人士而言，资本主义社会技术变革的这些特点可能将会产生重大的影响。通过利润驱动的技术进步实现人类从辛苦劳作中解放出来的可能性微乎其微，至少就其本身而言几无可能，特别是在劳动力仍然廉价、充裕和容易剥削的领域，情况更是如此。

然而，即便技术变革不会完全导致工作的终结，也会周期性地在某些行业内造成大规模的工作岗位流失。部分情况下是因为技术能够推动某一特定工作流程的完全自动化，而更多的情况下则是因为技术创新能够帮助企业破除长期抑制特定行业劳动生产率增长的障碍因素。例如，农业是较早被现代生产方式改造的行业之一：在15、16世纪的英格兰农村地区，新型封闭农场畜牧方式同作物轮作的结合提高了农业产量。但是，由于农田不平整和季节周期因素的影响，农业机械化仍然很难实现，因此在几个世纪中，农业仍是就业的主要方向。[41]到了20世纪40年代，随着合成肥料的进步、作物的杂交、农具的机械化和杀虫剂的发明，农业和畜牧业的工业化形态得以发展，其中的运行逻辑也由此发生了变化。[42]

随着一处处农场变得如同一座座露天工厂，劳动生产率也有了飞速提高。由于农业产出需求的增长有限，农业部门裁员的速度也颇为惊人。直到1950年，西德农业部门还雇佣着24%的劳动人口，法国为25%，日本为42%，而意大利则为47%；到了2010年，这些数字都已跌到了5%以下。在20世纪五六十年代的绿色革命时期，农业领域的工业化技术措施得到了调整，使其能够适用于热带气候，这给全球农业就业带来了惊人的后果：在20世纪80年代，全球大多数工人仍在从事农业工作；到了2018年，这一数字已下降至28%。[43] 所以说，20世纪破坏工人生计的罪魁祸首不是所谓的"硅晶资本主义"（silicon capitalism），而是氮素资本主义（nitrogen capitalism）。劳动力市场中并无任何自动机制确保能为数亿被迫退出农业者创造新的工作岗位。

同过往时代一样，21世纪的发明家和工程师们也将会设法克服重重阻力，从而推动更多生产线的工业进程。但问题在于，随着经济增长的放缓，生产率增长率往往也会出现下滑。企业纷纷放弃用于扩大产能的重大投资，因此，贸易展上陈列的很多新型科技产品可能最终无法投产。但这并不是说某些行业将无法实现生产率的快速增长。例如，随着各类技术突破纷纷涌现，长途货运、商品零售和批发贸易可能会在未来几年削减工作岗位。[44] 然而，随着整个经济体系资本积累率和劳动生产率的增长普遍放缓，很难说会有多大比例的工作岗位将会遭到淘汰。

从全球范围来看，就在卡车、仓库机械化的趋势令人忧虑的同时，另一个趋势让人更加担心，那就是鞋服行业及电子装配的机械化。这些行业在全球吸纳了大量就业人口，并且还是资金短缺的经济体外汇创收的来源。[45] 长期以来，缝纫业的技术现代化一直面临技术上的阻力，因为织物的精细处理凭借机器操作难以完成；该领域上一次出现重大创新还要追溯到19世纪50年代出现的辛格缝纫机。在电子装配这一出现较晚的老牌行业，劳动节约型技术创新（labor-saving innovation）也同样难以普及，原因在于它同样需要对微小部件进行精细操作。尽管在高度机械化的大型生产过程中显得有些低效迟缓，但它们是20世纪60年代最早全球化的工作岗位；彼时，零售、服装和电子企业将生产外包给低薪资国家的供应商，以满足不断增长的需求。[46] 作为竞争激烈的工业供应链中最前端的环节，这些行业仍然拥有重要的地位。

从20世纪90年代起，这些行业的工作岗位大多陆续迁移到了中国。然而，就在中国出现薪资上涨、越南和孟加拉国等国家的工业竞争力也因此提升的时候，机器人技术的发展或许将最终破除这些领域中机械化的阻碍因素。在此类生产活动颇为密集的东亚和东南亚，资本积累仍在以更快的速度发展，意味着新的发明更有可能会作为商业创新得到推广。富士康在其电子产品组装线上部署了"Foxbots"机器人，以此应对低薪资国家装配商的竞争。中国和孟加拉国的服装企业纷纷引入"缝纫机器人"和新型针织技术，该技术已被应用于"飞织"鞋靴的生产制造。这些技术创新不大可能实现所在部门的完全自动化，但是它们有可能会导致大量岗位快速流失，并阻碍更多低薪资国家（如一些非洲国家）融入全球经济。[47] 目前尚不清楚这些技术发展是否会在十年、二十年后出现，或许有可能根本不会出现。但是，即便自动化领域不会出现重大进展，"智能工厂"技术也可能会在各类服务业聚集区加强产业集群发展的优势。因此，在全球范围内，制造业岗位更有可能会变得日趋集中，而不是日渐分散。[48]

如果新技术能够在广泛吸纳劳动力的行业中消除机械化的阻

碍因素，那么它们就有可能成为导致劳动力需求不足的次要原因。解释这一现象的关键并不是这些生产部门中工作岗位的迅速流失，而是整个经济体系并未能相应地快速创造出新的工作岗位。正如我之前所说，后者出现的主要原因不是自动化理论家们所认为的急剧技术变革，因为假如真的如此，它将会表现为经济统计中生产率的快速增长；而在现实中，生产率增长速度非但未能加快，反而还出现了放缓。整体经济劳动力需求低迷的真正源头在于整体经济增长速度的放缓，其原因在于制造业增长引擎失速且未能找到替代性引擎。在新冠肺炎疫情大流行时代，经济停滞的趋势只会进一步地加剧。

正是由于这个原因，有关"新冠肺炎疫情大流行将催生自动化浪潮"的种种预言显得如此苍白无力。这些预言错误地将自动化在技术上的可行性（它本身只是一个不确定的假设，而不是已获证实的结果）视同为经济上的可行性。无可否认，一些公司已斥资购入机器人设备以应对新冠肺炎疫情的威胁。例如，零售巨头沃尔玛为其美国门店购置了自动驾驶机器人、库存扫描机器人和过道清洁机器人（沃尔玛已在2020年底放弃这一项目）。一些零售商预期在线订单将会继续成倍扩大，因此正试验推行（但尚未广泛落地）机器人辅助的微型履单中心（micro-fulfillment center），帮助拣货员更快地完成配货工作。[49] 然而，在可以预见的未来，这些案例可能都只是例外情形。随着经济开始陷入深度衰退，我们几乎找不到任何理由认为产品需求会增加，几乎不会有哪家企业会开展大规模投资。相反，企业将会加大利用现有产能：通过削减劳动力、加快在岗工人工作节奏的方式来节约成本。这些也正是上一次经济衰退之后企业的所作所为。评论人士们总是简单地认为，在过去十年中自动化的进程加快了速度，并在对过去错误认知的基础上提出了对未来的预测。由于市场需求的缺失，企业投资也就无从谈起。在21世纪的第二个十年，美国的资本积累率和生产率的增长速度跌到了战后以来最低水平。新冠肺炎疫情只会导致情况的进一步恶化。

4

劳动力需求低迷

这套自动化话语的核心概念是经济学家瓦西里·列昂捷夫（Wassily Leontief）所提出的"长期技术性失业"（long-run technological unemployment）。自动化理论家们仅仅对自动化导致岗位流失的个别案例进行了分析，便声称发现了一种普遍现象：在未来的几十年里，全面自动化将会导致"全面失业"。埃里克·布莱恩约弗森和安德鲁·麦卡菲在《第二次机器时代》一书中提出，如同已经退出历史舞台的"鲸油"和"马力"一样，人力可能很快就会"在今天的经济当中变得一无所用，甚至可能零价格出让都无人问津"。[1] 如果全自动化真的来临，它所引发的就业灾难将会很快让人们意识到，有必要重新组织社会生活，改变薪资工作在其中的中心地位。[2] 尽管我在第2章和第3章对这一预测提出了怀疑，但我也认同自动化理论家们的一个观点，那就是世界经济正遭受着劳动力需求不足的困扰。那么,事实是否真像这套自动化话语所说的那样,伴随着劳动力需求低迷出现的是失业率的上升?

2008年经济危机之后,发达资本主义经济体普遍出现了失业率的飞速增长,然而到了21世纪的第二个十年,其失业率又出现了下降,尽管其下降速度远远慢于过往时代经济衰退后的情形(如图4.1所示)。2020年,新冠肺炎疫情经济衰退导致了失业率的再度激增(美国失业率以空前的速度上涨),但是这一现象同自动化并无多大关联。如果我们以过去为参照判断未来走向,那么未来十年中失业水平有可能会再度下降,尽管下降速度可能较为缓慢。这些数据几乎无法支持"长期技术性失业上升"的说法,但也不应将其视为"劳动力需求并未下降"的证据。在经济增长减速的压力下,劳动力需求不足的表现形式已经发生了变化:从过去的失业到如今各类形式的持续就业不足,想要对其进行测度也更为困难。[3]

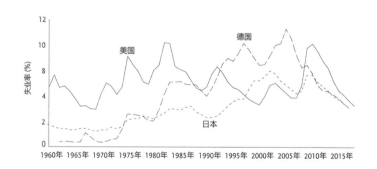

图4.1 美国、德国和日本失业率(1960—2017年)

来源:经合组织主要经济指标(*OECD Main Economic Indicators*),15岁及以上人口失业率。

正如很多评论人士已经认识到的那样，我们正迈向一个"缺乏优质工作的未来"，而不是"缺乏工作"的未来。工人们通常缺少资金储备来应对长期没有劳动收入的情形。如自动化理论家、美国前总统竞选人杨安泽所言，"工人们只有不断地工作才能维持生计，所以他们会接受眼前的任何工作"——包括薪资微薄、工时有限或条件恶劣的岗位。[4]杨安泽等自动化理论家们认为，这一趋势正是人们视野之外的技术性失业加剧所造成的后果。在现实中，快速的自动化几乎没有出现，无论是在人们视野之外，还是其他什么地方；而过去的半个世纪里，创造就业机会的比率仍然出现了下降，其原因主要在于平均经济增速的持续放缓。这导致在经济衰退中失去工作的群体更加难以在随后而至的缓慢复苏期中找到同等形式的工作。很多人变得心灰气馁，不愿再去求职。面对持续低迷的劳动力需求，政府通常采取的应对方法不是倡导就业者们分担工作，而是减少工人的失业补助金——以此迫使失业者们接受任何的工作选择，即便是以薪资缩水和大材小用为代价。

不计代价地工作

从20世纪70年代起，富裕国家原本处于历史低位的失业率开始出现上升。几十年中，美国以外地区的失业率一直居高不下。[5]在这种情况下，各国推行的失业保险计划陷入了危机：设计这些计划原本只是为了应对快速增长的经济体所出现的短暂周期性失业，而不是为了应对陷入停滞的经济体所出现的长期失业。为了哄劝失业者们重返工作岗位，各国政府纷纷削减劳动力市场保护政策，同时缩减失业补助金。积极的劳动力市场政策取代了消极的收入保障体系，成为政府应对失业的主要手段。[6] 为了提高工作的吸引力，丹麦和瑞典两国政府于2016年斥资投入安置服务、培训计划和雇主激励的支出几乎达到了GDP的1%，但此类措施在这些增长缓慢的经济体中收效平平。在大多数富裕国家，这类项目更为少见：就在同一年，经济合作与发展组织组织国家投入于积极劳动力市场政策（不含直接创造就业岗位）的支出占GDP比例的均值仅为0.3%。[7]

在这一情况下，极少有工人能够在长期失业的状态下维持生活。无论劳动力市场的条件如何恶化，他们都得找份工作来挣钱谋生。随着越来越多的工人无力积攒失业储备金，今天的世界经济也变得越来越近似于19世纪中期马克思在《资本论》中所描述的情形。马克思认为，在停滞的经济体当中，资本主义"产业后备军"或"相对过剩人口"中陷于停滞的群体将会趋于增长。这一部分"从大工业和农业的过剩者那里得到补充"的停滞过剩人口逐渐成为"工人阶级中会自行再生产和繁衍不息的要素"，他们在"工人阶级的增长总额中所占的比重大于其他要素"。由于"他们的工作特点是劳动时间最长而工资最低"，其"生活状况"往往"降到了工人阶级的平均水平以下"。在马克思看来，这一群体人数的扩大是"资本主义积累的绝对的、一般的规律"。[8] 马克思在150多年前撰写的这些分析文字在如今已经成为现实。在过去的几十年里，缓慢增长的经济体中的失业者们不得不和新就业者们一同从事低端岗位，其工作条件和薪资待遇都低于正常水平。与马克思所处的时代不同，在今天，这一现象还受到了战后福利国家制度的影响——尽管它们已日趋衰败，但仍然能够对劳动力市场结果的形成产生决定性的影响。各国制度的差异决定了就业不稳定会在多大程度上分布于劳动力人口或集中于某些特定群体。[9]

美国是最容易记录这些变化的地方，在这里，只有参加工会组织的工人才能获得基本的就业保护。几乎所有的非工会工人都可能会被随意聘用，并且除了公然歧视的情况以外，他们也可能会被随时解雇。1974年至2019年，平均失业率比1948年至1973年高30%，其原因主要在于经济衰退之后创造就业岗位的速度出现了放缓。同一时期，私营部门的工会化率（unionization rate）出现了大幅下降：从1970年代初期的近30%跌至2019年的6%。平均失业率居高不下导致很多工人担心失去工作，企业也乘机借此压榨员工。由于很多工人一旦失业将很难找到新的工作，为了有工作可做，他们也被迫接受相对停滞的实际薪资。[10]

与此相反，一些经济学家认为，在过去几十年中，只有未获得大学文凭的美国工人才是劳动力市场条件恶化的真正受害者。这些经济学家就自动化发展提出的一个不甚极端的观点认为，技术变革已经导致美国就业市场的空心化和中等薪酬工作岗位的流失，并造成了高薪和低薪工作机会的两极分化。这种观点认为，常规工作的自动化推升了大学文凭的薪资溢价，引发了教育和机器之间的竞速角逐。一个确定的事实是，美国工人个体经历的就业不稳定因教育水平和种族不同而程度各异：低学历工人和有色人种的失业率水平显著高于其他群体。而另一个事实是，在20世纪80年代和90年代初，一些美国工人通过进修获取大学文凭，从而免于遭受降薪的压力。然而，到了21世纪初（此时被视为经济活动自动化开始加速的时期）大学文凭的薪资溢价已处于稳定状态，因为大多数大学学历工人的薪资开始停滞。2018年，美国大学学历工人实际薪资中位数较2000年出现了下跌，尽管这一时期未偿学生贷款总额出现了急剧攀升。其原因在于，自2000年开始，经济增长率出现了显著的放缓（就业岗位增速也同样如此），与此同时，大学文凭也日趋普遍。2019年，美国的黄金年龄工人群体中，至少拥有一份大学文凭的工人比例占到了40%。面对劳动力市场条件的恶化，大学文凭所提供的保护也有所弱化。拥有大学文凭的工人开始从事一些原无高学历要求的工作，导致低学历工人被挤出这些岗位。同时，雇主资助医疗保险覆盖的大学学历年轻工人的比例跌幅近一半，从1989年的61%跌至2012年的31%。尽管这些工人的薪资高于低学历工人，但他们当中的很多人也同样处于就业不稳定的状态。[11]

相较于其他国家，美国的不同之处在于，就业不稳定在该国劳动力人口中普遍存在。在美国劳动力需求持续低迷的经济状况下，即便是常规雇佣的工人也同样面临着巨大的失业风险，因为他们随时都可能会遭到解雇。其后果是，美国企业无需像别国企业那样，通过替代性用工安排来压榨劳动人口中的弱势群体。一些企业还是采用了替代性的用工安排，以此来规避美国劳动法律的约束。可见，在规模不大但意义显著的零工经济岗位热潮中，网约车企业优步（Uber）和来福车（Lyft）通过在线平台派单的方式，将企业雇员伪装成独立承包商。[12] 但是说到头、做到底，2017年，此类用工安排下的就业者仅占美国工人总数的10%，其受雇身份包括独立承包商、临时工、派遣工和固定期限合同工。[13]

同美国相比，欧洲和东亚富裕国家的就业情况更为复杂。在这些地区，战后劳动力市场体制的设计者大多不是左翼政府，而是右翼政治家们，他们倡导重视民族帝国身份、构建男性负担养家的家庭并维持相对固定的职场层级。[14] 接受这类社团主义（corporatism）安排的回报是，男性户主们获得了高度的工作保护：和美国不同，在这些地区，常规雇佣的工人不会被随意雇佣，也不会被随意解聘。我们可以参照经合组织发布的就业保护水平指数（OECD indicators of employment protection），大致地衡量这些不同所造成的差异：这一指标测度的是雇员在个人解雇方面所受保护的程度，其取值为0~6。在就业保护水平指数中，美国的长期工人几乎无迹可寻（其指数为0.5），他们受到的就业保护程度远远低于英国（其指数为1.2）、日本（1.6）、德国（2.5）、意大利（2.5）和法国（2.6）的工人群体（如图4.2所示）。[15] 后面所列举的这些国家中，获得长期岗位的户主基本不会遭受因劳动力需求下降而导致的市场压力。他们仍然能够自由地争取集体加薪，即便整体经济的失业率已升至10%，甚至更高。同时，与美国相比，这些国家的失业工人领取的失业补助金也更为丰厚。

因此，与美国情况不同的是，在多数高收入国家，始于20世纪70年代中期的失业率攀升起初并未造成工人的实际工资停滞。遭受冲击最大的工人群体是失业工人以及在岗工人的子女和配偶们。就业危机表现为不断恶化的排斥现象；它集中于部分人群，而非广泛分散存在。年长的失业工人被迫过早退休，而已婚女性求职面临重重困难，这也是欧洲多国及日本（瑞典是一个重大的例外）女性劳动力参与率依旧低迷的原因。这一情形一直持续到了21世

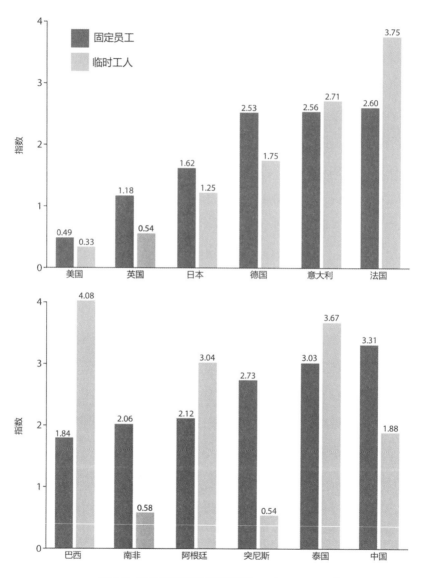

图4.2 经合组织就业保护指数（2013—2014年）

来源：经合组织就业保护指标（*OECD indicators of employment protection*）是测度解雇及采用临时合同监管严格程度的综合指标。这些指标是依据1月1日起生效的三大类21项就业保护规制编制而成。

纪的最初十年。[16]

在欧洲和东亚，由于雇员的工作较为稳定，因此这些地区的企业需要推动雇佣关系的制度性变化，才能从低迷的劳动力需求中获利。为了应对来自于雇主的压力，政府纷纷哄劝失业者和新就业者们从事所谓的"非标准"类别的工作，成为兼职工、临时工或固定期限合同工，以此剥夺了他们的就业保护。这些工作类别中有一些岗位，如德国的"迷你工作"（Minijob），原本只是家庭主妇们的第二收入来源，如今却已经成为很多家庭的主要收入来源。[17] 相较于标准雇佣合同聘用的工人，非标准工人所获得的就业保护也相对较少。[18]

就在导致大批工人（特别是妇女和青年）工作不安全感加剧的法律接连出台并引发抗议之时，"不稳定性"（precarity）一词逐渐变得广为人知。[19] 例如，2003年意大利通过的比亚吉法案（Biagi Law）在解聘兼职工和临时工方面给予了企业更大的"灵活性"；2004年德国的"哈尔茨四号"改革（Hartz IV reforms）大幅削减了失业补助金。法国也分别在2006年和2016年推行了类似举措，但是，这些想剥夺刚踏入劳动力市场的年轻人们就业安全感的做法遭遇了挫败。尽管存在种种阻力，西欧和东亚富裕地区的劳动力市场仍然出现了稳步的分化——一边是相对而言拥有职业安全感的标准雇佣工人，而另一边则是饱受工作不安全感困扰的非标准岗位工人（其中大多为年轻工人），并且这一群体还在不断扩大。[20] 1985年至2013年，非标准雇佣人员占总就业人口的比例出现了上升：法国从21%升至34%；德国从25%升至39%；意大利从29%升至40%；英国从30%升至34%。日本"非常规就业"人员比例

（类似于非标准雇佣人员比例）从1986年的17%上升到了2008年的34%；韩国也同样出现了类似的趋势。相较而言，新增工作岗位中就业构成的变化尤为剧烈。在20世纪90年代至21世纪前十年，经合组织国家的新增就业岗位中，有60%的岗位为非标准岗位。[21]

由于经济增长乏力、就业岗位增速放缓，工人一旦失业就很难找到新的工作。在这种情况下，越来越多的工人饱受工作不安全感的困扰，因此也不得不放低涨薪要求。1995年至2013年，经合组织国家实际薪资中位数的年均增长率为0.8%，而同期劳动生产率的年均增长率则为1.5%，从而造成了收入再分配的显著上移（尽管其严重程度不及数据分别为0.5%和1.8%的美国）。[22]

全球范围内的剩余劳动力

全球南方国家的情况兼具欧洲和美国的特点，但其极端程度已经超过了大西洋两岸。一方面，战后和后殖民时代的发展型国家（developmental states）普遍采用了同欧洲的前宗主国类似的劳动法律，甚至强度更甚的劳动法。再来看看经合组织的就业保护指数，阿根廷（2.1）、巴西（1.8）和南非（2.1）拥有标准雇佣合同的长期工人所获得的就业保护高于英国（1.2）工人的水平；而中国（3.3）、印度（3.5）、泰国（3.0）和突尼斯（2.7）对工人的就业保护甚至超过了法国（2.6）的水平。另一方面，由于只有极少数工人才能获得受到就业保护的工作岗位（通常这类岗位只存在于政府部门和大型工厂），因此，全球南方国家中的绝大多数工人只能转而寻找各式各样的非标准工作机会，而他们在这些岗位上所获得的就业保护甚至还不及就业保护程度最低的美国工人。

早在劳动力开始在全球范围内出现逆工业化现象之前，非标准雇佣模式的扩张就已成为困扰非洲、亚洲和拉丁美洲的一大严重问题。在20世纪五六十年代，由于增长缓慢的进口替代产业中不断地涌入寻找工作的非农业劳动人口，工作岗位出现了严重的供不应求。劳动力统计学家新增了"非正规部门就业"（informal sector employment）这一新的统计类别，用以指代数量激增的城市街头小贩、微型制造商和自行车运输服务业者。[23] 到了20世纪八九十年代，随着国际竞争的加剧，各国接连采取了开放市场的灾难性结构调整政策，非正规部门也由此得以大举扩张。[24] 就在很多国家几乎陷入绵绵无期的经济危机之际，被大型企业和政府部门裁员或降薪的工人被迫和新就业者们一同从事非正规工作。同时，为了从不断增长的劳动力过剩中获利，企业纷纷想方设法聘用非正规工人，从而取代受到就业保护的正式员工；同时，他们还游说政府减少对正式工作的就业保护，以此作为刺激经济复苏的手段。[25]

与多数全球南方国家不同，中国经济在20世纪八九十年代出现了急速增长，但相较于其他国家，彼时中国的经济更加依赖法律上处于弱势地位的工人类别，例如，在城市中心工作、户籍仍在农村地区的农民工群体便无法获得城市工人所享受的就业保护。在这一时期，这些在出口导向型制造企业缝制衬衫、装配电子产品的进城务工人员由于饱受工作不安全感的困扰，而岗位竞争又极为激烈，因此不得不放弃争取更高实际薪资的念头。[26]

非标准雇佣模式的扩张导致了全球范围内大批劳动者陷入严重的工作不安全感之中。特别是在全球南方地区，由于大多工人无法获得哪怕是最基本的法律保护和失业补助金，这一问题尤为突出。2012年，全球只有几乎不到五分之一的失业工人能够领取失业补助金。[27]因此，工人们一旦失业，就得尽快找到新的收入来源，其结果是，即便人们普遍认为就业机会极为匮乏，2019年全球的失业率却仅为区区4.9%。大多数失业工人都不得不从事于非正规工作岗位。[28]事实上，根据国际劳工组织（International Labour Organization）发布的数据，2015年，全球劳动人口中仅有26%的工人拥有全职或兼职的长期工作，剩余74%或为临时合同工人，或为其他非正规工人，如无合同工人或自雇工人。[29]

就此而言，"非标准雇佣"的说法显然用词不当：20世纪中期对充分就业所怀希冀的未尽残梦，从未在全球范围内（尤其在人口最多的地区）成为现实。[30]其现实影响在于，除了就业保护下的极少数雇员之外，全球绝大多数工人都会无可避免地受到劳动力需求起伏的影响。在全球劳动力需求普遍低迷的时代，很多工人担心一旦失业将会很难找到新的工作，因为很多技能、资质相当的失业工人或半就业的工人仍在寻找工作。在饱受工作不安全感困扰的现实之下，这些工人被迫接受了相对停滞的薪资和恶劣的工作条件。导致这一情况出现的主要原因并不在于计算机技术的发展，而是在于几十年的产能过剩和投资不足导致了全球经济增长引擎的失速（并且出现在了全球劳动力仍在扩张的时候）。除非各国政策出现急剧转向，否则在未来的几年内，新冠肺炎疫情经济衰退只会导致这些趋势变本加厉。

第4章 劳动力需求低迷

后工业低谷

新冠肺炎疫情衰退导致失业水平出现了大幅的上升；但如前文所言，由于劳动力市场体制出现了转变，这一失业现象很可能会逐渐演化为各类形式的就业不足。[31] 由于长期失业将无法维持生计，人们在别无选择的情况下只能接受薪资和工作条件低于正常水平的工作岗位。无法找到工作的工人不得不选择非正规岗位，否则可能会面临完全被劳动力市场淘汰的命运。严重的工作不安全感逐渐成了经济停滞下生活的典型特征（这一问题在2020年这样的经济衰退年份会变得越加严重），近年来，一些反乌托邦科幻小说也对此进行了艺术化的演绎：在其描述的世界里，人类成为了多余的存在；大多数人都只能勉强维持生活，每次仅能赚取几分钟的额外生存时间；而最富有的资产拥有者们所积累的大量资本已经足够让他们永生于世。[32] 既然这些过剩工人无法承受长期失业的后果，那么他们又能做些什么工作呢？

从20世纪60年代中期开始，随着劳动力过剩问题扩散至全球，跨国公司开始在劳动力市场上进行套利，通过供应商竞价的方式以低廉成本获得生产性劳动力，以此打入供过于求的全球市场。工业企业不仅在低收入国家的几千处出口加工区利用人们的就业不安全感谋利，它们还在高收入国家通过制定多级合同或采取常规劳动法律边界之外的用工形式，以此抑制工人们的薪资要求。但是，在全球范围内，只有约17%的劳动人口从事制造业，5%的工人从事采矿、运输和公用事业。[33] 因此，就业不足的工人群体中绝大多数人最终受雇于业态繁多的服务业部门。在高收入国家，服务业部门就业人口占总就业人口的70%至80%，而在伊朗、尼日利亚、土耳其、菲律宾、墨西哥、巴西和南非等国，服务业部门就业人口也占据着极高的比例。[34] 从世界范围看，与美国社会学家丹尼尔·贝尔（Daniel Bell）在1973年所预测的情况并不相同，我们所沿承的后工业经济中主要的参与者并不是研究人员、网球教练和米其林厨师，而是街边理发师、家政佣工、水果商贩和沃尔玛上架员。[35]

普林斯顿大学经济学家威廉·鲍莫尔（William Baumol）在20世纪60年代对服务业就业增长的基本模式做出了最好的阐释。他的理论有助于解释为什么服务业就业不足会成为21世纪经济的主要特征，以及为什么自动化理论家的看法存在偏差。[36] 鲍莫尔认为，服务业部门就业攀升的原因在于该领域岗位的生产率增长率通常远低于工业部门。服务业通常不会出现快速的扩张，其产出的增速高于生产率的增速，而生产率的增速又高于就业的增速（1973年之前的制造业正是如此）。大部分情况下，服务业的产出增长源自就业的扩张（见图4.3和图4.4）。同马克思所说的"停滞"相对过剩人口概念遥遥呼应，鲍莫尔认为，服务业逐渐形成了一个相对"停滞"的经济部门。[37] 其全球扩张同世界经济停滞不断恶化之间存在着明显的关联。[38] 事实上，这样说只是在重申，在劳动力的全球逆工业化开始之后，尚未出现任何替代性的引擎（包括服务业部门的就业扩张）能够像此前强劲的工业引擎那样驱动经济的增长。

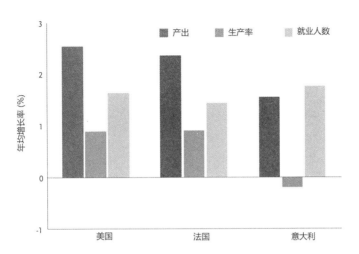

图4.3 美国、法国和意大利服务业部门（1980—2010年）

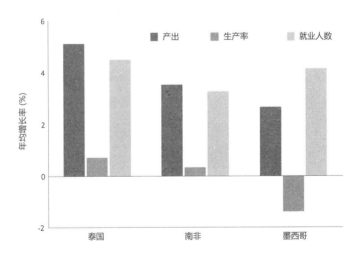

图4.4 泰国、墨西哥和南非服务业部门（1980—2010年）

来源：格罗宁根增长与发展中心十部门数据库（*Groningen Growth and Development Centre, 10-Sector Database*），2015年1月版。

通常而言，能够快速提升生产率的渐进流程创新无法带来服务业生产率的飞升，但这并非服务业本身所固有的特征：对许多服务活动而言，阻碍其生产率水平提升的因素已经得到破除，但这一实现过程恰恰又借助了工业化的手段。正如社会学家乔纳森·格舒尼（Jonathan Gershuny）所言，这些服务被转化成为了家用自助式商品，"洗衣机替代了洗衣服务，安全剃刀替代了理发店剃须服务，汽车替代了公共交通"。[39] 这些以商品形态存在的服务通过工业流程实现了极大的效率提升。今天仍以服务业形态存在的活动都存在工业化受阻的情况，原因在于其中阻碍工业化的因素直到现在还仍未破除。[40]

当然，和工业部门的服装缝制业和电子装配业一样，在数字时代，其他服务活动也同样可能取得技术突破并借助更为高效的工业流程转化成为自助式产品。近年来，旅行社的销声匿迹便是一个例子。但是，如果认为在我们的时代阻碍经济蓬勃发展的主要障碍只是技术性因素，并且人们能够借助技术飞跃将停滞服务转化为蓬勃产业来克服这些障碍，则是特错大错。经济发展的首要障碍仍然是全球的技术产能冗余，它导致了全球市场的拥挤不堪以及所有生产线的产出增长缓慢。自20世纪70年代劳动力出现全球逆工业化以来，已经上线了很多量产工业产品（比如各式各样的消费电子产品），但相较于老牌行业，这些新兴行业反而出现了更为严重的产能过剩。同样的命运也会降临到如今的服务活动所衍生的自助式产品上。和如今一样，到那时，失业者和就业者们将被迫在仍然开放的经济活动中谋求岗位，由于此类经济活动所蕴含的一大重要特征极易导致就业不足，因此这也为求职者们提供了就业机会。

由于服务业无法依靠价格效应（即生产率的提升降低了价格，从而扩大了需求）扩大需求，因此我们可以预期，服务业部门的就业增长将会随着时间的推移而出现放缓。正如鲍莫尔所揭示的那样，服务业部门价格饱受"成本病"的困扰：生产率增长缓慢意味着相较于商品而言，服务的成本将会变得更加高昂。[41] 因此，服务需求的扩大必须依靠收入效应来实现——服务需求的增长有赖于整个经济体系内收入的增长。但这意味着，随着工业增长引擎的衰落、整体经济增速的放缓，服务部门就业的增长速度也应随之减慢，而发达资本主义国家确实普遍出现了这种情形。然而，尽管发达经济体的增长出现放缓，但是，在法律制度框架容许雇佣不稳定就业劳动力的某些服务业岗位，却出现了平稳的就业扩张。这个时候，我们就可以通过就业不足的逻辑来解释这一现象。

事实证明，尽管整体经济停滞不前，但可以在不提高生产率水平的情况下，通过降低某些服务的价格来扩大相应的服务需求——或通过减少工人薪资，或通过抑制其生产率增长相关的薪资增长。[42] 这些服务领域中持续存在生产率增速提高困难的问题，这一问题促使雇主压低薪资，以此追赶或超越竞争对手。同样的道理也适用于自雇工人；他们主动承担相对较少的工作，以此创造了对其劳动力的需求，而其代价是收入的缩减。这类严重剥削行为使得服务行业成为了创造就业岗位的首选之地，因为服务业工人薪资在消费者支付的最终价格中占据着较大的份额。由于服务业的劳动生产率水平往往较低，因此只要将收入压至最低，小规模家庭企业也有可能与高度资本化的公司竞争。特别是在中低收入国家，由于人们通过内卷化的就业创造策略获得了工作，因此在很多服务行业当中，生产率增长一直处于负值区间。

而各国劳动保护法的力度决定了企业能在多大程度上利用工人们对收入的不安全感来推行这些致其陷于贫困的工作形式。正如我们所见，劳动力需求低迷的经济体国家采取了干预策略，缩减了此类劳动力保护法规。事实上，这也是经济合作与发展组织所提出的明确目标——该机构一贯倡导通过提高劳动力灵活性的方式降低失业率。20世纪80年代末，经合组织的经济学家们开始认识到，由于经济增长率出现放缓，企业充分投资的可能性也随之降低，故而其资本存量的增加规模并不足以催生新的高生产率、高工资就业岗位。因此，有一点似乎"无可避免"，那就是"就业的合理快速增长要求创造大量的工作岗位，而这些工作岗位需要低于平均水平的资本来支持，其结果便是，可支持的实际薪资也相应处于较低水平"。经合组织把目光投向了美国：在这里，由于"新就业岗位平均实际薪资"被压低到了"现有工作岗位平均实际薪资"，因此出现了失业率的下降。于是，经合组织开始四处倡导这种有悖情理的就业岗位创造战略。[43]经合组织的经济学家们或许未能预见到经济停滞将会持续如此之久，但他们应当预见到了这一政策所带来的社会冲击。

随着就业不足日渐严重，不平等问题也必然会随之加剧。只有在其收入增长相对平均收入增长而言处于受抑制的情况下，大批人口才能获得就业机会。正如经济学家大卫·奥特尔（David Autor）和安娜·萨洛蒙斯（Anna Salomons）所言，"劳动力替代不一定意味着就业、工时或薪资的下降"，而是有可能藏匿于劳工阶层的相对贫困化（relative immiseration）之中，因为"薪资水平（即工时与时薪的乘积）的增速低于增加值增速"。⁴⁴ 其后果是，实际薪资平均增长率和生产率增长率差距出现了进一步的扩大——这也是使得过去50年G20国家劳动收入向资本收入转移了9个百分点的一个因素。在世界范围内，从1980年到2005年，劳动收入份额下降了5个百分点，原因在于，少数财富拥有者在收入增长中所获取的份额在不断地增长。⁴⁵

正如我在前文所言，不平等的加剧比统计数据所揭示的程度更为严重，其原因在于劳动收入分配本身的不平等程度加剧；其中，企业高管是涨薪幅度最大的群体。从20世纪80年代末至21世纪第二个十年之初，劳动生产率增长速度超过了平均薪资增速，而平均薪资增速又超过了经合组织国家薪资中位数增速。⁴⁶ 导致工人陷于贫困的就业增长随着时间的推移而逐渐自我强化。各个经济部门开始通过压榨就业不足的劳动力群体进行扩张，并逐渐依赖于这些源源不断的劳动力供给。因此，我们也就不难理解，在韩国导演奉俊昊2019年获奖影片《寄生虫》（*Parasite*）中，为什么高净值家庭和高管家庭会雇佣来自于劳工家庭的人士担任其家教、佣工、司机、保姆和个人助理，帮助他们完成更多他们原本会亲力亲为的工作——原因就是他们的劳动价格存在着显著的差异。⁴⁷

这些趋势表明，自动化理论家们所预期的末日危机——劳动力市场的功能失调并不会出现；将会出现的是经济衰退期失业率的继续攀升——正如我们在新冠肺炎疫情经济下行期所看到的那样，这一现象将会再度出现并且规模巨大。在随后而至的温和繁荣期中，这种大规模失业必然会慢慢转化为更为严重的就业不足和不平等。在《机器人的崛起》一书中，未来学家马丁·福特表示，对他而言最为可怕的噩梦是"经济体系最终适应了劳动力转移的新现实"。但事实上,这种情况已然发生。美国社会评论家迈克·戴维斯(Mike Davis)所说的"资本主义晚期人类分流(late-capitalist triage of humanity)"已经"出现"。[48] 除非采取协调一致的政治行动对此加以阻止,否则在未来几十年可能会出现更多此类情形。由于国际市场上工农业产品存在产能过剩,这些部门的工人被迫流入服务业,所造成的结果是,21世纪中期,全球服务业工人占就业人口份额将会从现在的50%攀升到70%或80%。由于整体经济增长率势将保持低位,因此服务业将只会以加剧收入不平等的方式吸纳失业者和新就业者,从而一步步地将我们带向后工业化低谷的更深之处。

这并不是说贫困群体将会陷入更为严重的贫困。事实上,随着世界人口的城市化,极端贫困人口的比例已逐渐下降。[49] 然而,贫困工人整体收入增长中的份额仍远低于其人口比例。正如经济学家托马斯·皮凯蒂(Thomas Piketty)和其同事的研究所揭示的那样,1980年至2016年,全球最贫困的半数人口实现了收入翻倍(尽管从绝对数值来看其增幅甚微),但其增幅仅占整体收入增长的12%;在同一时期,最富1%群体的收入增长占到了27%,为贫困群体比重的两倍还多。[50] 随着不平等的加剧,社会流动也出现了停滞。[51] 无论是美国明尼苏达州的家庭健康助理、意大利的大学兼职讲师,还是突尼斯的水果小贩、印度的建筑工人,越来越多的人感到被困于原地而无法动弹。刚刚进入劳动力市场的年轻人们所得收入甚至都不足以独立养家,尤其是在租金飞涨的地区情况更是如此。他们往往不得不与父母同住一个屋檐之下、无力组建新的家庭。由于收入陷入了相对停滞,他们的薪资中有很大一部分需要用于偿

还助学贷款。^52

如想对抗这些导致工人陷入贫困的劳动力市场力量，则需大幅度地提升劳工群体捍卫自身利益的能力。然而，劳动力人口中的组织性部门已经日渐消退。经合组织国家的工会密度从1985年劳动人口的30%跌至2016年的16%；同一时期，集体谈判所覆盖的工人比例从45%降到了32%。^53 全球范围内，工会密度的下跌更为严重：在2014年的时候，这一数字仅为7%左右。^54 在这些条件下，遏制经济的不平等越来越依赖于福利国家制度的力量和施予。然而，随着经济陷于停滞，这些制度也开始趋于弱化。在经济陷入低迷且不时会遭受财政紧缩政策冲击的情况下，人们更容易会将由此产生的社会恶化归咎于劳动力中的弱势群体（移民、妇女、种族和宗教少数群体），而不是团结起来推进实施一个能够解放人类的崭新社会工程。

5
"银弹"妙药?

自动化话语指出，全球经济出现了一系列令人忧心的趋势，而这些趋势同劳动力需求的持续低迷存在着关联。对于这一出现已久的趋势引发的社会危机，统计数字并不足以揭示其严重程度。越来越多的人无法有意义地参与经济活动，也无法从中获得主体感和目的感，尽管这些在资本主义社会的不利条件下原本也颇为有限。工作不安全感和不平等加剧了社会的原子化，让人们很容易受到经济民族主义的影响——这一思潮主张以"本国优先"的方式应对全球化过程中出现的问题。[1] 自动化理论家们注意到了民族主义解决方案的危险性；设置关税壁垒、修筑边境高墙并不能缓解劳动力需求的持续低迷。[2] 面临着当前时代的巨大灾难，想要通过这些陈词滥调来解决问题的希望微乎其微。

那么，我们还有哪些解决方案可以选择？自动化理论家们对于这一问题进行了再思考，但他们却像是一群时空旅者或外星来客，提出的观点颇为激进。就此而言，自动化同全球变暖极为相似：人们一旦开始予以重视，便会考虑修正其原本认为无法改变的社会生活基本结构。自动化理论家们认为，如今的世界已经过时，因此，他们敢于探索发人深思的工作危机解决新方案。这些提议值得人们认真思量——尽管我一直认为他们对危机原因的看法并不正确。在评估自动化理论家们提出的建议时，关键需要考虑到，如今劳动力需求持续低迷的真正原因在于几十年的工业产能过剩及由此导致的投资不足。真正的解决方案必须能够破解这一关键问题。

凯恩斯主义：弹药再上膛

为了全面考虑自动化理论家的建议方案，我们可以首先分析他们所否定的一个选项，即通过凯恩斯主义干预政策促使企业加大固定资本投资，以此达到吸纳全球劳动力剩余的目的。自动化理论家们认为，全球劳动力危机无法借助凯恩斯主义手段解决，因为无论经济增长多么迅速，导致就业岗位流失的完全自动化技术变革都将会是一种问题。但既然导致劳动力需求低迷的实际原因是长期经济放缓下的持续技术变革，那么如能在此基础上大幅提高经济增长率，凯恩斯主义经济刺激应当是一种有效的政策。那么，为什么不加以采纳呢？事实上，大多数高收入国家政府一直在推行这一政策。

学者们通常认为，20世纪70年代见证了凯恩斯主义时代的终结；但是从很多方面来看，就在这一时期，凯恩斯主义时代才刚刚开始。在第二次世界大战结束后的25年里，凯恩斯主义逆周期支出实际并不明显：各国政府非但无过度支出行为，反而还借经济高速增长之机缩减了战时的负债规模（见图5.1）。1946年至1974年，英国在投资教育、医疗、住房、运输和通信基础设施的同时，将其公共债务与GDP比率由270%削减至52%。[3] 同一时期，G20国家政府债务与GDP比率从107%降至23%。这些证据难以支持"战后

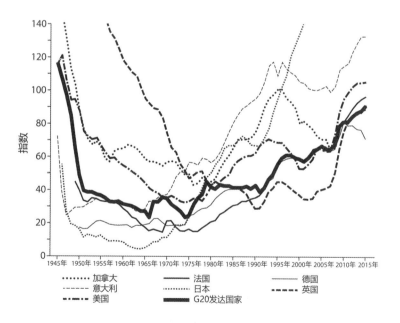

图5.1 政府债务总额与GDP之比 (1945—2015年)

来源：2019年国际货币基金组织历史公共债务数据库（*IMF Historical Public Debt Database, 2019*）。

时代无论何时何处的充分就业都可归功于凯恩斯主义需求刺激"的观点。[4]

正如我在前文章节所言，战后工业的迅速扩张在很大程度上是依靠其自身形成了持续、稳定的劳动力需求。而投入于教育、医疗和基础设施发展领域的公共支出并未能够对私人投资产生刺激作用：前者的规模难以满足后者需求。战后上线的产能规模超过了此前世界历史上的任何时期。但正是由于这一原因，全球制造业市场很快就开始遭受产能过剩的困扰，造成了资本积累速度的放缓和产出增长率的下降。技术能力在全球范围被广为复制，破坏了进一步的快速扩张所需要的条件，导致了逆工业化浪潮此起彼伏、劳动力需求持续低迷。

逆周期财政支出政策真正广为推行的时期是20世纪70年代，是为了应对经济体系中资本缩减投资的行为。各国政府纷纷投入巨量资金，目的在于吸引企业随之跟进。1974年至2019年，G20国家公共债务与GDP比率相应地出现了上升：从23%增长到了103%。2019年，美国（107%）、意大利（135%）和日本（237%）等国家债务与GDP比率甚至高于这一水平。除了英国在1980年至2007年债务水平趋稳之外，各国在新自由主义时代并未流露出任何要戒除赤字支出的势头。政策制定者们放弃了充分就业的目标，但是面对日趋贫血的经济，各国政府在经济下滑期继续大幅举债，却在随后的经济上升期中又难以增加税收收入。[5]

鉴于长期利率均已跌近于零，从凯恩斯主义角度来看，债务驱动支出未能刺激经济高速增长应当令人尤感意外。利率的下跌本应促进固定资本投资的增长。在超低利率的推动下，金融企业、非金融企业和家庭的债务规模的确出现了急剧攀升。在新冠肺炎疫情经济衰退之前的2019年，成熟经济体债务总额（包含公共债务和私人债务）同GDP比率升至创纪录的383%（全球整体水平为322%）。[6]然而，尽管债务累积规模巨大，经合组织国家的年均经济增长率仍在持续减速：从20世纪60年代的5.7%、70年代的3.6%，到80年代的3.0%、90年代的2.6%，再到2000年至2019年的1.9%。[7]企业纷纷开始债务融资，但这样做并不是为了投资新的固定资本，而是为了进行企业并购或股票回购。[8]由于未能出现可以替代工业的经济增长引擎，需求刺激政策吸引的私人投资也逐渐缩减。这对于各国推出的新冠肺炎疫情刺激计划可谓是不祥之兆：这些刺激计划可能会像此前推出的类似政策一样无法促进新一轮的资本积累。如果经济增长未能出现复苏，各国可能会在新冠肺炎大流行结束后很快重启财政紧缩政策。

我们应当重新思考生产人力的分配结构，而不是尝试通过凯恩斯主义刺激措施重启增长引擎。凯恩斯（Keynes）本人应当也会赞同这一目标，尽管他不会赞同实现这一目标所需要的办法。[9]凯恩斯认为，随着资本积累"达到不再稀缺的程度"，利润率将会降至低位水平，导致经济成熟期的到来——美国凯恩斯主义经济学家阿尔文·汉森（Alvin Hansen）将此称为"长期停滞"。[10]哈佛大学经济学家劳伦斯·萨默斯在近年重新提起了长期停滞说。萨默斯曾颇为推崇由财政紧缩政策催生的"结构性改革"，但如今他认为这一方法不大可能实现经济的健康发展；他如今相信，只有"公共投资"才能恢复充分就业。[11]凯恩斯本人应会赞同提高公共投资规模的必要性，但他也可能会进一步指出，经济成熟期的开始也标志着资本主义时代即将终结。

凯恩斯提出，在经济成熟的条件下，更应当采取干预措施缩减劳动力供应，而不是刺激劳动力需求，更应当增加休闲活动，而不是提高产出。[12] 凯恩斯建议，在私人投资回报率长期下降的情况下，有必要将每周的工作时间缩短为15小时——即便如此，也只是为了满足我们内心的自我价值需求。[13] 很多经济学家错误地理解了凯恩斯的设想，将其视为对未来生产率增长下工人倾向的异想天开：仿佛凯恩斯认为如果未来工人们表示倾向于延长休假而非提高薪资，那么未来三代人的工作时间便会逐渐缩减。[14] 相反，英国经济学家琼·罗宾逊（Joan Robinson）和威廉·贝弗里奇（William Beveridge）等激进的凯恩斯主义者们深知，如想实现凯恩斯梦想的后稀缺世界，则有必要提高投资的社会化程度，并通过立法手段实现工作日的缩减。[15]

为了推动这些构想的实现，贝弗里奇于1944年提出了"自由社会充分就业"（Full Employment in a Free Society）计划。就在此前不久，他所设计的英国国民健康服务（National Health Service）方案获得了公众的广泛赞誉。贝弗里奇为战后22年的资本主义发展进行了预算规划：战后最初两年为和平过渡期，其后20年为"重建"期，在此期间，公共投资将投入于消除"贫困、疾病、愚昧、肮脏"四大"社会危害"。他提出，在这一发达社会的基础上，英国政府可在20世纪60年代末的某个时候开始缩减经济规模，增加"休闲活动"，以此削减每周工作时间，并倡导收入的"公平分配"，从而减少经济的不平等。[16] 如果在此基础上增加化石燃料向可再生能源的转型规划，那么这一方案则完全堪比如今的"绿色新政"（Green New Deal）中最为激进的内容。[17]当然，对于贝弗里奇的充分就业建议，各国政府从未认真考虑予以推行。通过审视过去激进的凯恩斯主义项目遭受失败的原因，我们可以了解为什么类似的计划在今天同样难以取得成功。

第二次世界大战结束后，以公共投资为主导的充分就业计划方案在猛烈的抨击之下遭受了彻底的溃败，而彼时的左翼组织远比今天更有力量（当然，这些左翼组织大多所争取的不仅仅是公共投资：很多组织还同时呼吁推动生产的社会化）。[18]大型资产的拥有者们颇为正确地意识到，公共投资威胁到了他们决定扩大生产投入（投入多少社会资源、投入哪些领域）的特权，继而威胁到他们左右经济荣枯的特权。[19]他们担心的并非是充分就业的实现，而是充分就业将通过公共投资的方式得以实现，因为这会削弱他们的能力，使其无法像从前那样通过缩减投资来威胁让社会陷于混乱。从第二次世界大战后至今，资本家们一直在极力地控制着阶级冲突的重型武器——资本罢市（capital strike）。[20]他们通过以缩减投资相威胁的方式维护大企业的私人投资决定，作为维持或恢复高就业率的条件。如今，由于投资规模受到抑制，就业不足普遍存在，企业对资本罢市武器的控制越加变本加厉。此外，在私人投资萎靡不振的情况之下，各国政府可能会转而采取公共投资的策略。但是，我们不能错误地幻想资本家们会眼睁睁地看着他们对经济的控制随之缩减。

挑战资本家们对投资决策的控制，即便以罗斯福新政式的劳资协议为幌子，也绝不是一种妥协行为。正如波兰经济学家奥斯卡·兰格（Oskar Lange）在1938年所言，"如果要保留私有财产和私营企业,迫使其从事于同追求最大利润相悖的事情,则需要对投资进行大规模的管制",这将会扰乱"现代资本主义产业的金融结构",并将促使企业"动用经济力量对抗政府(如关停工厂、撤回投资或其他破坏行为)"。[21] 面对实力强大的企业表现出的反抗行为,激进的凯恩斯主义者需要以全面的社会化相威胁。如想将这些威胁变成现实,他们应制定明晰的计划、并广泛进行散播,从而消除私营企业的阻碍。但是,想让这些目标变成现实,激进的凯恩斯主义者还需要赢得主要社会运动的支持,因为只有对资产所有者的财富真正构成威胁的社会运动才有能力将资本驯服。但如果这些社会运动本身已经足以令资本屈从于公共投资驱动的经济体系,它们何不自己提出更多的诉求?这些社会运动不会甘于让权力进一步集中在国家手中(而会要求将权力下放给民众的民主机构)。正如我们将会看到的那样,自动化理论家们提出的全民基本工资方案也同样无法应对资本所挥舞的武器,特别是在经济增长已经放缓的时代,情况更是如此。削减投资这一手段让所有赋予工人力量的政策一经出台便沦为一纸空文。[22]

无偿的津贴

和激进的凯恩斯主义者们一样,自动化理论家也同样希望缩减经济体系中工作的规模。然而,他们提出了一种不同的实现方法:不是提高公共投资规模和立法逐步减少每周工作时间,而是毫无例外地向每位公民发放无条件的收入。[23] 如能将其设定在一个足够高的水平，则这一全民基本收入将能够完全消除贫困。它还能为缺乏就业安全感的工人们带来些许的安全感——在就业不足普遍存在的时代，这将会是一场至关重要的改革。支持者们认为，全民基本收入所能做到的远远不止于此，它还能在深度的道德层面让社会的面貌焕然一新：全民基本收入让大家意识到，人人都可受益于共同享有的个人发展投资，因此这一政策能够重新唤起整个社会的团结意识。由于新冠肺炎疫情大流行的侵袭，西班牙和苏格兰政府以及美国民主党人一直都在考虑推行紧急的最低全民基本收入计划；一旦疫情结束，这些计划有可能会作为长期政策保留下来。[24]

在美国等国家，种族主义孕育了以怀疑，甚至轻蔑的眼光看待贫困群体的福利计划；如果这些地区的资产测查补助（means-tested benefits）能够逐渐向普惠性补助（universal benefits）过渡，则其本身就是一种颇受欢迎的趋向正义之举。同时，在撒哈拉以南非洲等低收入地区，全民基本收入能够让服务于贫困群体的新福利计划成为可能，各国政府也无需构建复杂的资产测查基础设施。[25] 在全民基本收入支持者阵营内部，有些问题仍然存在争议，如全民基本收入发放金额的大小，是否应当对高收入群体征税从而实现回流，是否应当以此补充或取代其他福利国家计划，以及是否应全面推行这一政策，还是只将其范围限定于本国公民。[26]

对于自动化理论家们来说，全民基本收入能够破解其构想当中的核心难题——在人力劳动已被基本舍弃，甚至完全淘汰的世界中，如何为人们发放收入，如何依据人们的偏好进行定价。全民基本收入是一种可将自动化梦魇转化为后稀缺梦想的技术解决方案。

在此基础上，自动化理论家们常常将全民基本收入视为一种解决全球失业和就业不足问题的中立性政策工具（能够同时吸引左右两派），如同绿色革命技术被之于全球饥饿问题。作为自动化话语的核心理念，技术决定论同其对技术专家解决方案的依赖有着内在的密切关系。这两种立场将棘手的社会问题和政治问题转化为其所推定的客观事实，从而导致这些问题遭到了忽视。

而这样的技术专家中立性只是一种幻想：不同方式推行的全民基本收入会将我们带往迥然不同的发展方向，而其中大多数方式并不会将我们带向一个人类繁荣的世界。[27] 对自动化话语的市场性后稀缺构想进行批判，有助于我们了解非市场性构想的大致轮廓。

有关全民基本收入的建议早在自动化话语面世之前便已经出现。有人认为，这一理念的起源可追溯至美国启蒙思想家托马斯·潘恩（Thomas Paine）。早在1797年，他便已主张应向所有成年人发放一次性补助金。[28] 潘恩的观点沿袭了洛克派的经典思想脉络，认为所有土地在起初都为人们所共有，但后来被划分为一块块私人财产。因此，新生代无法从人类遗产中获得他们所应有的份额。在潘恩看来，成年补助金相当于人类对地球共有产权中个人所持份额的现金等价物，因此它能促使每个人都参与到私有财产的世界中来。早在基本收入概念出现之前，潘恩便提出了这样的建议方案，而发放补助金的初衷并不是为了创造一个后稀缺的世界，而是为了捍卫私有制社会的道德基础。

出于类似原因，20世纪的新自由主义经济学家们也同样支持基本收入的理念。弗里德里希·哈耶克（Friedrich Hayek）和米尔顿·弗里德曼（Milton Friedman）都主张通过负所得税的形式推行全民基本收入，以此替代福利计划。他们认为，应直接向人们发放现金补贴，帮助他们摆脱贫困，而不是将资金投至公共减贫项目。[29]这一建议同弗里德曼的整个新自由主义世界观颇为一致。[30] 弗里德曼认为，国家应将生活的更多层面纳入价格机制，以此解决市场失灵的问题，而不是通过以公共活动（公共教育、医疗、住房、污染法规等）补充私人活动的方式加以应对。弗里德曼将市场视为自由、责任和自尊的基础。根据这一观点，贫困群体所需要的不是公共援助，而是金钱；有了金钱，他们就能够重新投身于市场之中。

今天，臭名昭著的种族主义者、社会批评家查尔斯·默里（Charles Murray）接过了的弗里德曼的接力棒：在默里的著作中，我们可以找到右派人士对全民基本收入最为夸大的观点。在默里看来，全民基本收入不仅仅能够终结贫困，它还能够阻止西方的没落，令其疲惫的灵魂重归基督教信仰和单偶制婚姻。默里提出应将全民基本收入的发放金额设定在每月1000美元——之所以选定这一金额，并不是因为它能满足个人的基本需求，而是因为它能够代表福利国家项目的现时成本。默里建议直接对现今的福利国家项目进行清算，并将其资金以现金发放的形式直接分配给民众。[31]

和近年出版的诸多倡导全民基本收入的著作一样，默里撰写的《在我们手中》（*In Our Hands*）一书的最新版本也同样明确提出，当今时代比以往任何时期都更加需要推行全民基本收入，以应对自动化的发展。但在事实上，默里的全民基本收入观点只是松散地建立在自动化话语的基础之上。[32] 他对全民基本收入的倡导源于他所秉持的一个观点：福利国家制度不仅会导致经济的低效，还会导致道德的沉沦，在此制度下，意义创造活动的主要来源从个人转移到了国家，其结果是，人们相互并无了解、彼此也不关心，无法享受真正的幸福快乐。默里认为，贫困和吸毒等社会问题需由其所滋生的社群通过立身于信仰和社群价值道德体系的"自愿协会"直接处理。全民基本收入将会瓦解当前承担此类重负的机构，并发放社会薪资给予个人更多自由时间，从而推动这些协会的形成。[33]

右派人士们所提出的这一方案的一大关键特征是，其设计的初衷绝不是为了消除经济不平等。默里建议通过修改宪法阻止收入再分配的进一步推进，因此，即便全民基本收入计划得以付诸实施，不平等仍将继续扩大。默里的全民基本收入方案令人颇为不安，它所构想的是一个不平等更为严重、劳动力需求持续低迷的社会；在这样的社会中，贫困群体安于眼前现状，而参与市场的富裕群体却能够无限地聚敛财富。[34] 全民基本收入所面临的一个明显的危险是，在其推行的过程中，该政策将会日渐趋近于这一右派版本，而非左派的方案。事实上，默里提出的全民基本收入方案也是硅谷精英们讨论最多的版本；同样，这一方案也为本书提及的大多数自动化理论家带来了启发。

那么，左派人士提出的方案能否解决问题？相较于右派人士提出的方案，左派方案的一个重大不同之处在于，其资金投入将会高出很多；原因在于，其目的就是为了给人们发放津贴，让他们享受一定程度的美好生活。比利时左翼经济学家菲利普·范·帕里斯（Philippe van Parijs）堪称最受尊敬的全民基本收入倡导者，他从中左翼平等主义立场出发，提议向人们发放资金补贴满足他们的基本需求，同时并不废除福利国家制度。他和扬尼克·范德堡特（Yannick Vanderborght）建议将发放金额设定在人均GDP的

25%——相当于美国每年向每个家庭发放约4万美元。为了便于实施这一目标,他们建议从"适度的层面"开始推广,而非从全民层面进行普及。他们认为,全民基本收入在政治上的推行方式可能不是从正门破门而入,而是需要绕道"后门"迂回穿行,并且还会附带一定的"参与条件",如社区服务要求及资格限制,以防止"选择性移民"涌入推行全民基本收入的国家。[35]

左翼支持者们声称,全民基本收入的微小开始预示着我们将会拥抱一个高度自由的未来,因为即便是金额并不丰厚的月度津贴也能够开启社区复兴的进程。[36] 故而其看法呼应了右翼人士们的观点:两个群体都认为全民基本收入的普及将会促进自愿协会的蓬勃发展。他们在这一观点上的不同之处在于,右翼人士们认为教堂和扶轮社将会遍地开花,而左翼人士们则相信,工人或消费者合作社、工会、集体看护组织和社区花园将会不断涌现。通过将无组织的社会成员组织在一起,低水平的全民基本收入为高水平全民基本收入(或者说是高薪资的全民基本收入)的有力推进奠定了社会基础,从而为更高水平经济平等的有力推进奠定了社会基础。[37]

自动化话语的左翼支持者们在吸纳了这一全民基本收入方案的基础上,提出了一种更为极端的观点。反资本主义自动化理论家尼克·斯尔尼切克和亚历克斯·威廉姆斯等人认为,高额的全民基本收入恰恰会推动"充分失业"(full unemployment)的出现。[38] 其观点源自于更年轻、也更激进的范·帕里斯参与撰写的文章《通往共产主义的资本主义道路》(*A Capitalist Road to Communism*)。他们提出,随着自动化的发展,全民基本收入的发放金额也应随之增长,直到这一替代分配机制成为所有商品、服务购买力的唯一来源。这将不仅仅标志着社会平等的巨大进步；如能极尽所限，它还将会让人们的生活摆脱薪资劳动的束缚。斯尔尼切克和威廉姆斯共同撰写的《发明未来》一书认为，全民基本收入能实现的远远不止于这些，它还将会成为加速世界向完全自动化转型的红色楔子[1]（red wedge）。高额度的最低收入限额让工人有底气拒绝工作，这反过来又会促使雇主努力提高工作的愉悦感或直接引入自动化、淘汰相关岗位。[39] 全民基本收入不再是维持晚期资本主义经济稳定的方法，而是成为了推动社会前往后稀缺世界的手段；在后稀缺世界里，"经济问题"已经解决，人们可以自由地追逐他们所热爱的一切。到了那个时候，主要问题将会同人类的终极视野有关。一旦获得免于工作的自由，人们是否会像凯恩斯所想象的那样，开始沉溺于爱好？还是会像英国作家伊恩·M.班克斯（Iain M. Banks）的科幻小说所描述的那样，修造宇宙飞船去探索浩瀚星辰？[40]

局限之处

全民基本收入的种种自由平等主义形态有着很多吸引人的方面。即使是最低程度的再分配，如能按其方式予以推行，则同样能够博得欢迎；尤其是如能在一定程度上减轻贫困带来的压力、减少贫困诱发的身心疾病，那么此类政策则必然会更受青睐。在实施全

---

[1] 译注："红色楔子"的说法源自于苏联先锋艺术家埃尔·利希茨基于1919年设计的政治海报《红色楔子攻打白军》。

球碳税政策的同时，全民基本收入的推行有助于缓解气候变化，让我们得以放手推动经济朝碳中和的方向发展，而无需担心在痛苦的能源转型过程中应如何平衡工作岗位的增减得失。[41] 然而，全民基本收入应当赋予个体以力量，让他们通过不懈的斗争来推动急剧而持续的社会变革，唯有如此，全民基本收入才能从一个技术专家解决方案上升为一项解放人类的社会工程。但是，有理由怀疑全民基本收入是否能够产生这样的影响。

我们先来讨论全民基本收入支持者们所提出的繁荣社区观点。仅就分析的一致性而论，全民基本收入的右派版本比左派方案更加合乎逻辑。右派倡导者们认为，由于原本属于个人的力量发生了由个人到国家机构的转移，故而维系社会团结的纽带已被撕裂；废除福利国家制度应当会促使这些纽带重新形成。与之形成对比的是，左派人士一直认为，力量由个人到资本转移的重要程度不亚于力量由个人到国家的转移。毕竟在今天，我们大部分的需求都是通过私人机构（而非公共官僚机构）得到了满足。巨型企业生产出不计其数的商品，从而满足了离散存在的家庭单位的消费需求。[42] 运输、通讯、营养和娱乐的模式都已按照市场的内在逻辑进行了改造。人们每天有好几个小时都花费在上班、下班的路途（尽管同在一起，每个人的内心却依然孤独），坐在车里、吃着麦当劳、拿着手机浏览着猫咪视频。手机上的社交媒体软件本是为了治愈普遍存在的孤独和社交隔绝，但研究却表明它们反而加剧了这些问题的恶化。[43] 在人口稠密的城市地区，新冠肺炎疫情催生出了这一资本主义逻辑的极端形态。中产阶层人士纷纷退缩回家中，在网络上下单购买生活所需用品；而拥有强大力量的企业则着手于重组供应链,并调度大量人手进行无接触配送——对于这些工人而言,他们的工作骤然出现了大量新的风险,并且也无法因此获得相应的薪资补偿。[44] 这些例子强调,在人人陷入原子化状态的经济体里,全民基本收入很容易得到推行。

有人进一步指出,全民基本收入将会赋予工人同雇主进行对抗的力量。那么,应当如何看待这一观点?这实际上是一种本末倒置的看法:如果我们想赢得足以改变社会关系的全民基本收入,首先需要工人能够获得这样的力量。一个更深层次的忧虑是,即便全民基本收入赋予了人们更强的反抗能力和斗争能力,但是尚不清楚它能否为更宏大的人类解放目标提供一条可行的途径。自动化理论家们认为,如今的劳动力需求低迷源自于同快速经济变革相关的快速生产率增长;只有在这一观点正确的前提下,全民基本收入才能够成为左派所提出的资本主义退出模式的基础。如果情况真的如此,社会面临的主要问题将会是如何重新组织分配,而不是如何重新组织生产,越来越多的收入将会被用于发放全民基本收入,以此矫正经济不平等的加剧。但是如我所言,如果当代劳动力需求不足是全球产能过剩和投资低迷(导致经济增长率下降)的结果,那么这样的分配斗争将会很快沦为劳资双方间的零和冲突,并阻滞或至少显著减缓我们前往自由未来的进程。因此,我们需要制定计划,确保从资产所有者手中争到经济控制权。然而,对于如何减少资本对生产的控制,全民基本收入的种种方案对此很少提及。[45]

尽管全民基本收入力争将收入同工作量脱钩的目标值得称赞,但它无法改变收入和资产之间的关系,因而我们仍然未能摆脱原有体系的羁绊：总收入中有相当大的比例依然为利息（来自于信贷发放）、租金（来自于土地或房屋租赁）和利润（来自于企业经营）。换言之，全民基本收入在赋予工人以力量的同时，并不会削弱资本的力量；它加强了人们履行"动物功能"的自主性，但同时并未提高人们塑造整体社会条件的能力。[46] 因此，利润动机仍旧是经济的驱动力，由于大型资产的所有者们仍然掌握着投资决定权，因此他们仍将继续左右经济的兴衰。就此而言，全民基本收入倡导者的激进派将会陷入激进凯恩斯主义者们所面临的僵局：资本将继续挥舞资本罢市的武器，资本所有者仍然能够通过缩减投资和资本外逃的方式令社会陷入混乱。40年来，在产能过剩加剧和经济增长放缓的环境之下，资本家们通过这一武器迫使政党和工会屈从于他们的要求：更为宽松的商业规制、越加松弛的劳动法律、增长缓慢甚至已经停滞的薪资水平，以及经济危机时期的私营部门纾困计划和公共财政紧缩政策。

因此，如果左派人士想要通过推行全民基本收入开创一个全然不同的世界，他们需要拿出一套类似于瑞典梅德纳计划[1]（Meidner Plan）的方案，通过有计划地将资产所有权向全社会转移实现生产资料的逐步社会化。[47] 但问题在于，20世纪70年代危机期间，正是资本的撤资威胁导致瑞典政府放弃了最初的梅德纳计划。在今天，由于大规模劳工组织力量的显著弱化以及经济增长速度的日趋放缓，此类计划的实现变得更加困难。即便有人推动将较低水平的

---

[1] 译注：指瑞典战后福利国家制度的主要设计者、劳动经济学家鲁道夫·梅德纳（Rudolf Meidner）于20世纪70年代提出的一项计划，号召将企业年利润的一定比例缴入"工薪者投资基金"（wage-earner investment fund），从而实现资本所有权向公众的逐步转移。

全民基本收入提升至较高水平，一场资本罢市便足以令经济迅速陷入危机，从而迫使全民基本收入倡导者们在条件远未成熟的情况下仓促推动后稀缺世界的构建，否则就得放弃计划。而每每面临生死抉择的时刻，改革派政党往往都会临阵退缩。[48] 因此，不难想象，全民基本收入将会维持在一个较低的水平，充当停滞和不平等加剧的私产社会的支撑力量，而无法成为一条通向无偿给予世界的星际高速。

由于劳动力需求总量下降在全球范围内无处不在，因此，从经济角度而言，它已经无法遮掩全球剩余劳动力的问题；尤其是在环境威胁迫在眉睫的背景下，情况更是如此。与此同时，由于经济增长速度出现了放缓（这也是首先导致这个问题的原因），资本家们必然会竭力抵制任何可能威胁到其投资决策权的改革计划。这正是我们所沿承的世界，我们也应在此展开政治上的反思。只有控制了生产，并从资本家手中夺过投资决策权，令资本罢市失去效力，才能扫清重重障碍，让我们得以一路迈向后稀缺的未来。

6

必要与自由

即便有人怀疑自动化理论家们对技术进步的阐释（当然也包括我在内），但他们确实构想并勾勒出一条通往后稀缺未来的道路。这仍然是他们的思想最具魅力的地方，因为它促使我们去思考这样一个问题：如何重新组装拼接这个运转失灵的世界，并将它改造成一种新的社会形态？如果今天我们想复兴一项人类解放工程，心怀这样的愿景颇为重要，尤其是考虑到它的实现似乎仍然如此遥远。19世纪的社会主义者们深知他们的目标远未实现，但他们仍对自由未来的理念颇为痴迷，这激励着他们冒着风险投入斗争。德国诗人、剧作家贝托尔特·布莱希特（Bertolt Brecht）曾在1939年写道："我们的目标就在远方/它清晰可见。"[1]而在今天，很少会有人这么说了。我们生活在一个新自由主义根深蒂固的时代，导致了民族主义的怒火熊熊燃烧，气候变化的灾难愈演愈烈；不仅如此，对于真正的替代方案,我们仍然缺少切实的构想。事实证明,中央计划模式缺乏经济理性,又会导致生态破坏,造成劣质产品积压库房,同时这一模式还容易受到专制的官僚化的影响。此外,事实也证明,欧洲福利国家制度和凯恩斯主义充分就业政策无法适应整体经济增长的放缓和持续的逆工业化。[2] 与此同时,面对新自由主义者的抨击,社会运动大多只能苦守最后的防线,这些努力充其量只能放缓我们滑向深渊的速度。

我们确实应当"索要未来"。[3] 但是,应该索要怎样的未来?令人印象深刻的是,科幻剧《星际迷航:下一代》为很多自动化理论家提供了一个有关自由未来的参考范例:20世纪80年代末上映的该剧重启版中,一项名为"复制器"的技术(本质上是一款先进的3D打印机)终结了经济稀缺的时代,让人们得以生活在一个没有货币、没有市场的世界。公民科学家们也因此得以自由地探索星系,"勇敢地前往人所未至的地方",而无需为生计问题担忧发愁。[4] 但是问题在于,我们是否可以构想一个没有"复制器"的后稀缺世界?换句话说,即便最终完全自动化只是一梦,后稀缺世界是否仍会到来?

由于自动化理论家们过于关注技术进步,而忽视了对生产的控制,他们最后基本放弃了从1516年托马斯·莫尔(Thomas More)的《乌托邦》(Utopia)到如今"星际迷航经济学"都视为后稀缺世界的实现不可或缺的基本前提条件。这一前提条件并非近年涌现的自动化理论家们所说的无偿发放津贴,而是废除私有财产和货币交换,并进行有计划的合作。[5] 他们之所以放弃这一颇为关键的目标,其中的一个原因在于他们从一开始便弄错了过渡性问题。他们首先立足于"完全自动化将会实现"的假定,并接着提出这一问题:应如何改造社会才能让人类免于遭受大规模失业的威胁并开创一个人人享有尊严的世界?对于这一思想实验,我们可以反其道而行之:首先构想这样的一个人人享有尊严的世界,然后再来思考实现这一世界所需要的技术变革;而不是预设一个已经实现完全自动化的经济体系,之后再去想象是否可能从中创造一个更美好、更自由的世界。

后稀缺学派

如果在突然之间,人人都获得了使其能够充分发挥个人潜力的医疗、教育和福利条件,那么,将会出现怎样的情形?在一个人尽其能的世界里,人人都期待他们能够在充分的社会支持下发展个人的兴趣和能力。如果想让这一情景在未来得到实现,那么现在应当做出怎样的改变?在一个人尽其能的世界里,每个人的热爱都同样值得追逐。不应为了确保人们能够自由地从其所好,而让一部分人终身从事于收集垃圾、刷盘洗碗、照料孩子、耕田种地或电子组装的工作。我们不应像19世纪美国南卡罗来纳州奴隶主詹姆斯·亨利·哈蒙德(James Henry Hammond)所说的那样,将一部分人置于"墙槛之下",从而维持其他人的生活;我们需要找到另一种分配必要劳动的方式,并将此作为其他一切活动的基础。[6]

对于这一谜题,自动化理论家们寄希望于通过技术加以破解,而很多早期后稀缺理论家，如卡尔·马克思、托马斯·莫尔、艾蒂安·卡贝（Étienne Cabet）和彼得·克鲁泡特金（Peter Kropotkin），则认为并无必要借助机器之力。他们认为，即便没有生产的自动化，后稀缺社会也仍然可以实现。在他们看来，我们需将社会生活重新组织，使之形成两个彼此独立，但又相互关联的领域：一个是必要领域，一个是自由领域。[7] 二者的区别在古希腊时代便已出现：尽管对于亚里士多德（Aristotle）而言，其区别代表着人与人之间的差异。奴隶被困于必要领域，而只有公民才能踏入自由领域。亚里士多德本人是一位逆向自动化理论家，他以自动机器并不存在为由来论证奴隶制的合理性。他表示，"如果每件工具可以听从指令、甚至自行从事于所适合的工作，那么工人师傅们也就不再需要学徒，领主们也就不再需要奴隶了"。[8] 在亚里士多德看来，由于现实中此类机器并不存在，因此奴役的存在也就无可避免。

尽管莫尔的设想中并非没有奴隶（他们只是戴上了"金色的锁链"），但是他将这种阶级之间的分野转化为了个人生活之内的分野。莫尔的灵感来自于柏拉图的《理想国》（Republic）和早期基督教徒们，其生活方式依照于"一切共有"的原则。在莫尔构想的乌托邦海岛上，居民们废除了金钱和私有财产。他认为，"只要存在私有财产"并且"一切事物都以金钱衡量"，那么就"一切事物都以金钱衡量"，那么就"几乎无法凭借公正和繁荣实现共同利益，除非你认为公正的实现需要将所有最好的东西都给最坏的人，或者是认为幸福的实现需要确保所有的东西只提供给少数并非完全幸福的人，同时让他人陷入痛苦之中"。身处早期农业资本主义时代的莫尔对圈地的做法颇为厌恶：彼时，贵族们为了占地牧羊发动了圈地运动，导致农民们"被剥夺财产，被欺诈蒙骗，或被武力镇压"。别无选择的穷人只能偷食面包来充饥果腹，一旦被抓住又会面临着被投入监狱或立即处决的厄运。在这一荒谬而残酷的制度之下，一部分人只能在贫困之中和死亡线上苦苦挣扎，而另外一部分人却可能会因此变得富有；对此，莫尔主张将必要劳动集中起来，并开辟出一块人人共享的自由领域。事实上，在乌托邦，"联邦的主要目的是尽可能地减少所有公民的体力劳动，以便他们能够将时间用于享受自由和修养心灵"。有闲阶级（即亚里士多德所说的自由人）将会瓦解，人人都能够享有属于自己的闲暇时间。[9]

在过了300多年之后，这些理念启发了流放中的卢梭式共和主义者艾蒂安·卡贝。卡贝在大英博物馆阅读了莫尔的《乌托邦》，随后旋即接受了后稀缺的社会理想。他在1840年写下了《伊加利亚旅行记》（*Travels in Icaria*），倡导"财产公有"。[10] 此外，卡贝还进一步补充了莫尔呼吁废除货币和私有财产的号召，提出了应当通过使用先进机械来减少必要劳动的规模。他的这些理念又启发了19世纪40年代初的法国共产主义者，后者又对已摆脱早年自由共和主义理念的马克思产生了影响。[11] 马克思批判了法国平等主义共产主义者们（弗朗索瓦·诺埃尔·巴贝夫的追随者）的苦行主义，而很少直接提及卡贝——在马克思和恩格斯起草《共产党宣言》（*Communist Manifesto*）之时，卡贝已经成为一名基督教神秘主义者。即便如此，马克思从《伊加利亚旅行记》中摘取了"各尽所能，各取所需"作为共产主义运动的口号。[12] 马克思很多有关后稀缺的理念也都源自于这些早期的莫尔主义思想家。[13]

马克思在莫尔和卡贝的基础上，又进一步指出，这些思想家们所追求的后稀缺世界只能通过群众行动才能得以实现：它不会像柏拉图、莫尔、卢梭和卡贝所构想的那样，能够通过明智立法者自上而下的恩赐而获得。这也是巴黎公社之所以令马克思备感鼓舞的原因所在。[14] 在巴黎公社短暂存在的时期内，工人们发明了新型的民主自治模式，用立可罢黜的代表取代了定期选举的官员。巴黎公社失败后，埃利·雷克吕（Élie Reclus）等人流亡欧洲，并在途中接触了彼得·克鲁泡特金等革命人士，克鲁泡特金其后在著述中详细地阐释了如何构建以民主方式组织而成的后稀缺社会。克鲁泡特金强调了自愿协会在后稀缺时代的作用。他认为，在一个废除了货币和私有财产、集中完成必要劳动的世界，自愿协会将会出现蓬勃发展的势头。[15]

很多思想家吸纳了这些理念，并对其进行了不同形式的阐释；这些人当中包括20世纪上半期社会主义经济核算论战中最早受到抨击的奥托·纽拉特（Otto Neurath），甚至连威廉·爱德华·伯格哈特·杜波依斯（W. E. B. Du Bois）、约翰·杜威（John Dewey）和卡尔·波兰尼（Karl Polanyi）等人也在其中。他们都主张建立这样的一个世界：民主协会以合作生产取代市场统治，并利用资本主义技术的优势，减少共同的必要劳动、扩大个人的自由领域。杜波依斯估计，在"未来的工业民主政体"下，每人只需从事"三到六个小时"的必要劳动便已足够，可留下"充足的时间用于休闲、锻炼、学习和爱好"。他表示，我们应当"人人成为艺术家、人人承担服务工作"，而不应为了一部分人能从事艺术创作而让另一部分人承担"琐碎的服务"。在共产主义被等同为斯大林式的中央计划和快速工业化之前，很多人都将这一后稀缺构想视为"社会主义"

和"共产主义"所蕴含的意义。[16] 我将对其组成部分进行逐一分析,以此大致地阐释:在控制了生产的基础之上,人尽其能的实现如何能够从社会解放的方向破解现今劳动力需求持续不足的问题。

合作型公正

在必要领域,我们将会对共同再生产所需的必要劳动进行分派,只有完成了这些必要劳动,我们才有可能再去从事其他想做的事情。这些劳动的确切范围不是事先确定的(因此需要民主商定),但可以确定的是它们包括一切生活所需商品和服务的供应(如住房、食物、衣服、常见中间产品和最终产品、卫生设施、水、电、医疗保健、教育、儿童与老人看护、通信及运输方式等)。根据后稀缺理论家们大致进行的估算,此类共同劳动每天需要花费三到五个小时(约为每周标准工作时间的三分之一至二分之一)。尽管这些工作可能会集中于一周内某些时段或人生中的特定年龄。除了劳动时间之外,我们亦可采纳其他措施进行社会核算。我们在划分职责的同时需要考虑到个人的禀赋和倾向。一些任务需要在当地才能完成,但还有很多任务可以借助先进计算机技术在区域或全球范围内有规划地付诸实行。

当然,由于很多必要工作存在专业技能上的要求,这些劳动很难通过广泛分派的方式予以完成。我们仍将需要农民、建筑工人、外科医生、电工和机械师——尽管在人尽其能的世界里,这些专业技能本身的分布将会更为均衡。乌托邦作家爱德华·贝拉米在其1888年出版的小说《回顾》中，提出了一种后稀缺社会中组织劳动分工的方法，即通过劳动力供需关系决定人们的工作时长、而非决定其薪资水平。从事于技能型工作的人们不会获得更高薪酬，而是会得到劳动量的减免；从事于风险性或高难度劳动的人们将会获得荣誉头衔——这是一种近乎名人的待遇。如今，不同社会对普通教育或职业培训的制度偏好也各不相同；只要劳动分工不会导致重要任务无法完成，也不会再度催生技术精英阶层，那么这一问题的解决方案也就并非只能有一种。[17]

这种分派工作的做法将会使更多的人参与到必要工作中来，其中包括遭到裁撤的冗余工人；这样一来，每个人应承担的必要工作也会随之相应减少。显然，残障人士将会获得补助；此外，人们也会获得津贴，确保他们能在较长时期内无需工作，可以放松休息、度假旅行、消化悲伤或体验文化。为了确保必要劳动能够得到分配，应当大刀阔斧地改变其内在特征。有偿工作和无偿工作的社会区别将会遭到摒弃——正是这些社会区别导致了女性历来屈居于家庭生产的"隐秘之地"。此外，生产和消费应被视为一个闭环，而非脱离于其他社会生态考量因素的终点。[18] 在这样的情况下，制造者、农民、厨师、清洁工、工程师和艺术家的协同或将为新形态"公社奢华"的出现奠定基础。[19]

在完成了这一初步的蜕变之后，仍然存在的一个问题是，在人人得以尽其所能的社会如何进一步推动共同劳动的变革。对此我们应当重视的一点是，资本主义社会开发的技术并不具备中立性：其设计是为了实现资本家的控制，而不是让人们免于劳作之苦。即便如此，我们已经拥有提高多种工作的愉悦体验所需要的技术。此类技术或许能够用以消除技能劳动和非技能劳动间差别或淘汰某些类型的劳动，而非仅仅服务于拥有这些技术的有产阶级。无论如何，这些问题如何解决将由人类根据自身意愿共同商定，而不是由所谓的"不可阻挡"的技术力量代为抉择。在自动化理论家们看来，我们彼此之间的义务是实现人人享有尊严的世界的基础。但我们并非在试图结束我们对彼此的义务，而是要认识到并改变这些义务。之所以这样说，并不是为了倡导职业道德，而是为了认识到，自由的生存状态在此时便可实现，即便繁重的劳动并未消失，也不会消失。通过将社区生活纳入民主控制和集体治理，社区生活的非异化成为保障人人享有个人自由的路径方式。[20]

需要注意的是，此处所说的必要劳动或再生产劳动也未必都是令人不满的活计；尤其是如能对此进行适当分派，确保没有人的生活会被其完全支配，则情况更是如此。例如，照料儿童的工作不仅对孩子们有益，对大人们也同样如此：他们能够借此从孩童的视角体验世界的奇妙。与此类似，一同做饭或洗碗有助于加深关系（如果这些事情是由一人独自完成，则可能有助于让我们摆脱思虑、放空大脑）。在人人尽其所能的世界，人们是否更愿借助食品复制机和清洁无人机来完成此类活动，以便更好地从事科学研究？这一点仍然有待观察。

在后稀缺学派看来，重新组织必要劳动使得实现无偿给予的世界成为可能。所有人都可以前往社会仓库和服务中心领取所需物品，同时，如莫尔所言，"完全不需任何付出作为交换"。[21] 也就是说，人人都有权获得食物、饮料、衣服、住房、医疗、教育、交通和通讯工具等,而无论他们贡献了多少必要劳动,"正如同所有人"都"有权在炎炎烈日下驱寒取暖",尽管物品的供应会受到生态可持续性的制约。[22] 人们无需自证资格便可搭乘火车出行、前往当地食堂就餐、享受牙齿清洁服务、把孩子送到日托中心照料、参加职业教育课程,或找个地方睡上一晚。人人都可享受这些社会产品,不会出现有人被排除在外的情形。

后稀缺社会的实现所需要的并不是物质上的取之不尽,用之不竭,而是需要克服稀缺以及与之相伴的心态,从而使人们能够像莫尔所说的那样,拥有"愉悦和宁静的心境,而无需为谋生而烦恼"。[23] 从这一观点来看,富足并不是一道需要逾越的技术门槛,而是一种立足于"个人生存手段不会受到任何关系威胁"原则之上的社会关系。这一原则所蕴含的坚定安全感让所有人都能安心考虑"在有生之年我应该怎样去生活",而无需担心"我应该怎样才能生存下去"?[24] 有些人会自始至终秉持同一理念,有些人则会周期性地重塑自我。人们面临的主要挑战是如何"在改善、丰富生活的想法和增进人类福祉的愿望之间取得平衡"(这是《星际迷航:下一代》中,"进取号"星际飞船船长皮卡德对来自于21世纪的金融大亨所说的话;后者曾被低温冷冻保存,在解冻复活时却惊恐地发现已经身处后稀缺时代。)[25]。

即便是在这样一个世界里,仍然可能会存在制裁措施,以确保必要的工作能够得以完成。但是,促使人们参与工作的不再是饥饿威胁,而是合作邀请。经济学家们早已认识到,饥饿和无家可归并不是最好的激励因素。即便是在克鲁泡特金的时代,经济学家们也承认,"对人们来说,最好的情况是在进行自由生产的时候能够选择所从事的职业,没有监督者横加阻碍,并且还能看到这份工作为自己带来利益的同时也利及和他一样的人。"[26] 有位励志畅销书作家在近年再度提出了同样的理念:最好的工作源于自主感、掌控感和目的感,而不是更高金额的金钱回报。[27]

只有圆满地解决20世纪社会主义经济核算论战所提出的种种问题,后稀缺世界才有可能得以组建。对于这些问题,人们将借助于21世纪的种种工具加以解决:他们将利用数字技术来协调他们的需求和活动——通过设计算法帮助人们处理数据、制订备选方案,通过设计协议来帮助他们就备选方案进行决策;随着时间的推移,还可依据经验对其予以进一步的调整和适配。人们将会通过数字应用程序向协会阐述、提交他们的个人需求;后者则会处理协会与协会之间的资源分配,并制订出能够公平、合理地利用可用资源的方案、方法。效率将不再是生产的首要目标,但生产者仍然需要根据获得各类物料供应的难易程度来选择合理的生产技术;并且,如果生产未能达到民主议定的社会标准,生产者也可能会因此而承担责任。同样,这些重大问题的解决和处理可能并不存在单一的最优方案。[28]

人人享有的自由时间

对于后稀缺理论家们而言,必要领域的重新建构并不是一个终点;它所催生的社会团结也会拓展自由领域的边界,同时也确保了它能够为人共享。[29] 一旦必要领域得到了保障，那么人人便可自由发展个性，并且不会受到任何社区及社群边界的束缚。重要的是，应当通过推进共同的社会工程，从而实现自动化理论家们希望通过技术实现的目标，尽管先进的技术必定有助于拓展自由的疆域。当然，在自由领域，人们能够有时间参与社交或享受独处，专注爱好或无所事事："像头野兽一样什么也不做，躺在水面上，平静地望着天空"。[30] 法兰克福学派批评理论家西奥多·阿多诺（Theodor Adorno）的话语揭示了一个物质匮乏及其所引起的生存不安全感已经得到普遍消除的世界。这并不是要让我们去假设存在某种自发性利益和谐或某种人性之善。与此相反，经济压迫的终结意味着很多人能够自由地摆脱家庭或职场中的压迫关系或者对此进行重新商议。[31]

如果人们能获得更多的自由时间，那么他们会去做什么？后稀缺时代一直被称为"后工作时代"，但这一表述并不足以体现"后稀缺"所涵盖的内容。[32] 经过一段时间的休整和恢复之后，就算是再讨厌工作的人也会变得坐立不安，迫切地想去做点事情。所以说，通过重组社会生活以削弱必要劳动的作用并不是为了消除工作本身，而是为了让人们能够自由地追求那些不能简单称之为工作或休闲的活动。这类活动可能包括绘制壁画、学习语言、修造水上滑梯，或研究如何更快地完成共同的任务。它可能是小说创作，也可能是通过教育或探索的方式重塑自我。正如左右两派的自动化理论家们所一致预期的那样，随着稀缺时代的终结，世界各地的人们将会共同加入自愿协会，如数学研究者联盟、新乐器发明俱乐部或宇宙飞船建造联合会。对于大多数人而言，这将会是他们人生中首次达成真正意义上的自愿协议,而不是迫于普遍的物质安全感匮乏而作出的无奈选择。

在这样的条件下,"富有创造性的头脑和科学天赋"将不会再"因为偶然的出生地点、恶劣的生活环境或生存所迫而遭到埋没"。[33] 研究资助或艺术资助将不再由利润动机所决定或被富人利益所支配。在后稀缺社会,我们在稀缺社会中所说的"资本"将被视为共同的社会遗产。[34] 这些社会遗产来自于一代又一代人的积累,它不属于任何个人,而是属于所有社会成员;没有这些社会遗产,任何人都无法实现更为宏大的目标,甚至无法想象这些目标。

那么,当人们在追逐自己所热爱的事物时,他们如何获得所需要的资源?其中很多资源将在自由领域通过自愿协会和其联合会得到最有效的利用。在人们最初的想象中,必要领域最接近于资本主义经济,因为它也同样存在提高生产率、减少劳动时间和再度分配资源的压力。然而,在没有市场强制的情况下,必要领域更有可能将通过适应于自由领域的创新而发生缓慢的改变。这些创新的落地可能需要花费很长的时间,原因在于推行过程中的改变将不再是由市场竞争强制执行而是须经各类委员会协调。其中的一些组织可能更在意于如何完成工作,而不是如何改进工作。这一过程不再会有内在的增长要求,也无须追求为增长而增长;尤其考虑到必要劳动多为服务活动,而这些活动难以在保证质量的情况下实现生产率的提升,故而情况更是如此。

在这种情况下,自由领域将会迸发出多样的活力:人们将会在这里设计出新型的工具、仪器和会计核算方法,开发出新款的游戏和电子产品,并从时间和空间维度上进行迅速的资源再分配,以满足人们不断变化的口味。由于在自由领域内，加入任何协会都将完全取决于个人意愿，没有人会因为生存问题而被迫接受一成不变的工作。他们可以随心所愿地投身于自己想做的事情。

那么，在这样的一个世界里，并不存在一个单一的中央计划，而是会存在有所重合的局部计划，这些计划使得必要活动和自由活动能够彼此关联。但是，在这些问题及相关问题当中，哪些问题属于必要范畴，哪些属于自由范畴，则应当留给获得自由的人类，让他们从政治上自行解决。可以想象，尽其所能的个人将会在此框架内以各种各样的方式进行自我规划：他们或许会选择大型社区居住，也可能更愿在小型社区生活；他们可能会承担大量工作，也可能会接手少量劳动，从而留出更多时间来探索自然、社会、思想、海洋或星辰；无论地球的气候是炎热还是凉爽，无论世界的资源是贫乏还是丰富，只要满足了保障物质安全感所需的某些基本条件，人们都会过上安居乐业的生活。在后稀缺的世界，除了需要确保人人的基本需求得到满足之外，人们首先要做的事情是将人类大量的共同资源和共同智慧用于缓解或扭转气候变化的趋势，并改善殖民化后持续了几个世纪的不平等现象。[35]

这一推演的意义在于，它表明了我们完全有可能设计出以人为本、以人为先（而非以技术进步为本为先）的乌托邦思想实验。如果我们认同人类70多亿成员都应享有基本尊严，那么就需要我们摒弃以部分人辛苦劳作换取他人自由的理念。也就是说，在一个拥有先进技术的社会里，我们必须分派承担仍须完成的工作，从而确保人人有权利、有能力决定如何支配自己的时间。

我所简单描绘的后稀缺世界或许可以作为评估种种路径方案的

一个衡量基准。从这一角度看，显然当前世界的组织模式无法让我们自然而然地迈入后稀缺世界。经济增长水平还没有让我们的社会化达到无须增长的程度。尽管人们的预期寿命、教育水平以及城市化程度得到显著的提高，但其分布仍然存在着高度的不平等。与此同时，即便是在最为富裕的国家，大多数人处于原子化生存状态、在物质方面缺乏安全感、丧失了集体的力量，造成了他们视野的局限。如果完全自动化在成为人类梦想的同时，又可能成为他们的梦魇，则可将其可归因为完全自动化同人类的尊严缺乏内在联系，并且其本身并不会推动后稀缺世界的出现。全民基本收入也同样如此。或许，如果教育和医疗覆盖范围能够得到大幅提升、社区能够通过劳动分担与协作得以再现活力、各行各业能够实现部分社会化、大规模资金能够投入于推动能源结构从化石燃料向可再生能源转型，那么，基本收入便可以成为解放人类宏大工程的一个组成部分。[36] 当然，通往后稀缺世界的道路也可能完全体现为其他形式。如果我们对这个即将到来的世界缺乏清晰的认识，则会很容易在这一过程中迷失方向。

后记

变革的主体

如果技术的进步和技术专家们推行的改革都无法必然地将我们带向一个后稀缺的世界，那么，这个世界的实现则只能依靠于社会运动所施加的压力以及大刀阔斧地重新建构社会生活。自动化话语最令人失望之处在于它往往会低估现有社会斗争的价值。罗伯特·范·德·维恩（Robert van der Veen）和菲利普·范·帕里斯（Philippe van Parijs）在1985年发表的《通往共产主义的资本主义道路》一文中提出了如是构想：在"快速的劳动节约型技术变革"与"经济增长约束"的共同作用之下，人类的理性行动将会"迟早催生"索求社会变革并予以付诸实施的力量。三十年后，尼克·斯尔尼切克和亚历克斯·威廉姆斯对业已产生的力量感到绝望，认为这些只不过是"民间政治"而已。他们表示，面对着日益复杂的现代世界，人们开始要求回归本地社区的简单生活以及面对面的人际交往。[1]

对如今的社会斗争解放人类的潜力感到绝望也并非不可理喻。面对势头凶猛的新自由主义浪潮，只有开展广泛、持续的社会动员才能扭转潮向；但是，唯一在规模和力量上能堪此任的运动——具有历史意义的劳工运动已经遭遇了全面的溃败。如今，罢工和劳工示威更多的是一种防御之举：来势汹汹的资本要求加大财政紧缩力度、提高用工灵活性、推进私有化步伐，工人只能通过抗争放缓其速度，从而应对永无休止且日益恶化的经济放缓。那么，在经济增长放缓的情况下应当如何应对技术导致的岗位流失？对于这一问题，劳工运动从未找到解决方案。正如德国经济社会学家沃尔夫冈·施特雷克（Wolfgang Streeck）所言，"缺乏组织的资本主义不仅仅是本身缺乏组织，其反对派也同样如此。"[2] 也正是因为这一原因，在经济陷入停滞的漫长时期内，并未出现大规模劳工阶级组织再现活力的情形。

即便如此，在2008年经济危机之后的几年里，这一政治停滞已经显现裂痕。社会斗争不断涌现，其规模之大，是此前几十年间所未曾见到的。在全球六大洲的土地上，罢工和社会运动浪潮汹涌、此起彼伏。2019年，世界各地又爆发了大规模的抗议活动。[3] 大批民众再度参与停工、占领、封锁、暴动和示威，抗议劳动力需求长期下降的种种症候，如不平等加剧、就业不安全感的加剧、政治腐败、财政紧缩，以及食品、能源和运输价格上涨。抗议者们成群结队涌向街头，抗议一桩桩由警察亲手犯下的谋杀罪行；这些恶行令各个种族化社群愤懑不已；面对自身缺乏社会认可的困境，这些群体也不再选择忍气吞声。

可以肯定的是，到目前为止，这些激烈的社会运动仍然缺乏持续性的力量，还不足以迫使冥顽不化的政府做出让步，并且这些运动本身也遭遇了逆境和失败。但是它们仍然拓展了人们的政治视野，并让新一代的激进人士变得更为激进。也许我们的时代同19世纪中期颇有相似之处，原因不仅仅在于这个时代诞生了怀有远见卓识的乌托邦主义者，还在于它也催生了对解放人类的社会变革抱有支持态度的人士。过去几十年的一些客观特征也印证了这一假设：纵观世界历史，我们这个时代的人口教育程度、城市化水平、互联互通程度是其他时代所无法比拟的。正如英国记者保罗·梅森（Paul Mason）所言，在这座海平面不断上升的星球上，受过教育且有能力迁居的人们"将不会接受一个存在着高度的不平等、增长也陷于停滞的未来"。[4] 这是否将会让我们更加接近一个更为自由的未来？这一问题仍然尚无定论。

在2020年之初，新冠肺炎大流行的蔓延造成了社会斗争全球扩张的偃旗息鼓；但随着全球陷入经济深度衰退，它们如今又再度兴起。可以肯定的是，如果这些社会运动能够落地生根，它们跟前几个世纪的劳工运动也不太可能一样。从那个时代到我们这个时代之间，社会运动曾长期陷入于时断时续中。此前时代的劳工运动形成于漫长的工业化时期，而我们则生活在后工业化时代的低谷：我们的运动将是一场关乎工业化终结的影响的斗争。这并不是要否认全球经济对工业生产的持续依赖，也不是要否认工厂工人的持续存在。但是，制造业在总就业人数中所占比例的不断下降意味着这些工人将无法代表更公正、更合理的未来秩序。就连南非、韩国和巴西这样的国家（这些国家直到近年才实现了工业化，并且它们的制造业工人在20世纪七八十年代的民主斗争中发挥了关键作用）也早已成为了服务业为主的经济体。[5]

这一劳动人口构成变化将会在重大的方面重塑今天的社会运动。尽管自动化话语往往会过分强调这一趋势，但是，直接人力劳动在核心产业所发挥的作用的确已经大不如前；正如马克思所预言的那样，直接人力劳动作为主要生产力的地位在很大程度上已被科技知识所取代（后者体现为调动自然力量和机器设备的大型基础设施）。遭到抛弃的大批工人被迫流入劳动生产率增长缓慢的服务业，终日从事着毫无前途的工作。因此，在此前鼓舞了一代又一代工人的轰轰烈烈的斗争（这些斗争关系到谁应受益于生产率的持续增长）并未出现。由于资本存在着压低生产成本的冲动，因此，今天的大多数工人在面临着劳动强度增加的同时，并未获得相应的薪资增长；但这并不意味着劳动场所的斗争行为并不存在，它只是表明其决定性逻辑显然已经发生了变化。

一些左翼评论人士认为，无论深受工作不安全感困扰的工人对此如何愤懑，他们在生产节点上仍然缺乏必要的力量来表达自身的诉求。[6]然而，事实证明，在一个精益生产、及时生产广为普及的世界，在主要城市及其周边地区组织封锁流通也是一种有效的策略。阿根廷的拦路者运动（the piquetero movement）是一个较为早期的例子：从20世纪90年代中期开始，失业工人对该国首度布宜诺斯艾利斯周边的高速公路进行了封锁，要求提高福利待遇。[7] 2011年以来，在美国、法国、埃及等地，工人们也零零星星地实施了这一策略。

在重大的斗争过程中所开启的自治空间中，运动参与者们提出了有关社会的性质和未来的问题。通常而言，集会向所有人开放。即便非正式的层级关系并未全然殆尽,"人人都应享有社会事务上的发言权"也仍是人们的同感共识。在行业的内部以及封锁的前线,人们的确相互关照、彼此关心。他们煮菜做饭、打扫卫生、照看孩子,也不期待任何回报,尽管他们在执行这些任务的过程中,所需物料的购置仍然沿循着常规生活的轨迹,而这又是他们想要通过运动来颠覆的。无论是民间运动还是民族运动,这些努力并不仅仅表明人们趋向于追求一种更为简单的生活;无论如何时断时续,它们还指向了一个人人享有尊严的世界——一个有着更少的边界和界限的世界。

无论这些抗议活动能够达到怎样的规模,它们目前尚无法摆脱所有斗争在工人阶级集体再生产方面所面临的局限;在工薪资停滞、就业不安全感程度加深和福利国家规模缩减的压力之下,工人阶级境况的恶化呈现出了极端的态势。尽管这些运动呼吁罢工,号召仍然处于工业核心领域的工人们参与其中,但是它们并未实现由再生产层面到生产层面的跃升。无论这些运动在新冠肺炎疫情肆虐期间点燃了多少希望,我们这个时代的颠覆性抗议活动目前仍然未能勾画出一个全然不同的世界:在这个世界里,资本主义社会的基础设施被置于集体控制之下,劳动被重新组织、重新分配,稀缺问题已经随着商品和服务的无偿供应而得到克服。同时,随着生存安全感的提升和自由新视野的拓展,我们人类的能力也会相应地不断得到强化。

只有围绕控制生产这一历史任务的前提组织开展社会斗争,才能实现它们的突破,从而为生而为人所处的境遇赋予新的内容——生活在一个没有贫困、没有亿万富翁的世界,一个没有无国籍难民、没有拘留营的世界；在这样的世界里，人们也无需终日忙碌辛苦劳作而无暇休息，更遑论梦想。如果一场运动缺乏远见卓识的指引，那么它终究只是一场盲目的运动；但是，如果怀有远见卓识的人士未能投身于运动中去，则更是一种严重的失能。如果晚期资本主义的远见卓识者们**不能**投身到构建后稀缺世界的大规模社会斗争中去，那么他们将仍然只是一群秉持着技术乌托邦理念的神秘主义者而已。

注　释

第1章　自动化话语

1　参见 Edward Bellamy's utopia, *Looking Backward, 2000—1887*, Oxford, 2007 [1888], p. 68。

2　分别参见 Daniela Hernandez, "How to Survive a Robot Apocalypse: Just Close the Door," *Wall Street Journal*, November 10, 2017; David Autor, "Why Are There Still So Many Jobs? The History and Future of Workplace Automation," *Journal of Economic Perspectives*, vol. 29, no. 3, 2015, pp. 25–6。

3　Andy Puzder, "The Minimum Wage Should Be Called the Robot Employment Act," *Wall Street Journal*, April 3, 2017; Françoise Carré and Chris Tilly, *Where Bad Jobs Are Better: Retail Jobs across Countries and Companies*, Russell Sage, 2017。

4　这一立场有别于 Ray Kurzweil 等技术乐观主义者的看法——在后者的想象中，技术变革将会自行催生一个乌托邦式的世界，而无须通过社会转型加以实现。

5　Erik Brynjolfsson and Andrew McAfee, *The Second Machine Age: Work, Progress, and Prosperity in a Time of Brilliant Technologies,* W.W. Norton, 2014, pp. 34, 128, 134ff, 172, 232.

6　Martin Ford, *Rise of the Robots: Technology and the Threat of a Jobless Future,* Basic Books, 2015, pp. xvii, 219。

7　参见上书，pp. 257–61. 每年都会有大量探讨自动化的书籍问世，其中有两本近著尤为突出：Carl Benedikt Frey, *The Technology Trap: Capital, Labor, and Power in the Age of Automation,* Princeton, 2019; 以及 Daniel Susskind, *A World without Work: Technology, Automation, and How We Should Respond,* Metropolitan, 2020。这些诞生于自动化思考浪潮下较晚时期的论著代表了自动化话语的一种悲观转向。与 Frey 的观点相反，Susskind 认为自动化将会创造出一个无需劳动的世界，但他认为全民基本收入这一解决方案并不具备可行性。

8　Andy Kessler, "Zuckerberg's Opiate for the Masses," *Wall Street Journal*, June 18, 2017。

9　可参见 Iain M. Banks, *Look to Windward,* Pocket Books, 2000; 以及他的 "Notes on the Culture"，辑录于 Banks, State of the Art, Night Shade Books, 2004。

10　分别参见 Claire Cain Miller, "A Darker Theme in Obama's Farewell: Automation Can Divide Us," *New York Times*, January 12, 2017; Kessler, "Zuckerberg's Opiate For the Masses"; Eduardo Porter, "Jobs Threatened by Machines: A Once 'Stupid' Concern Gains Respect," *New York Times*, June 7, 2016; Kevin Roose, "His 2020 Campaign Message: The Robots Are Coming," *New York Times*, February 12, 2018; Andrew Yang, *The War on Normal People: The Truth about America's Disappearing Jobs and Why Universal Basic Income Is Our Future*, Hachette, 2018; Andy Stern, Raising the Floor: *How a Universal Basic Income Can Renew Our Economy and Rebuild the American Dream*, Public Affairs, 2016。

11 Nick Srnicek and Alex Williams, *Inventing the Future: Postcapitalism and a World without Work*, Verso, 2015, p. 112.

12 Peter Frase, *Four Futures: Life after Capitalism*, Verso, 2016; Manu Saadia, *Trekonomics: The Economics of Star Trek, Inkshares*, 2016.

13 Srnicek and Williams, *Inventing the Future*, p. 127.

14 Aaron Bastani, *Fully Automated Luxury Communism: A Manifesto,* Verso, 2019.

15 Martin Ford 认为新冠肺炎大流行将会"改变消费者偏好并真正地为自动化开启新的机遇"（change consumer preference and really open up new opportunities for automation），引述于 Zoe Thomas, "Coronavirus: Will Covid-19 speed up the use of robots to replace human workers?," *BBC News*, April 19, 2020. 亦见 Michael Corkery and David Gelles, "Robots Welcome to Take Over, as Pandemic Accelerates Automation," *New York Times*, April 20, 2020; Carl Benedikt Frey, "Covid-19 will only increase automation anxiety," *Financial Times*, April 21, 2020。与之相反的论调可参见 Matt Simon, "If Robots Steal So Many Jobs, Why Aren't They Saving Us Now?," *Wired Magazine*, March 23, 2020。

16 Kurt Vonnegut, *Player Piano*, Dial Press, 2006 [1952], p. 73。

17 2013 年，Carl Frey 和 Michael Osborn 将其研究作为牛津马丁学院的工作论文在网上发布；后发表于 *Technological Forecasting and Social Change*, vol. 114, January 2017, 题为 "The Future of Employment: How Susceptible Are Jobs to Computerization?"; Ljubica Nedelkoska and

Glenda Quintini, "Automation, Skills Use, and Training," *OECD Social, Employment, and Migration Working Papers*, no. 202, 2018。

18 引述于 Jerry Kaplan, "Don't Fear the Robots," *Wall Street Journal*, July 21, 2017. 参见 Robert Atkinson and John Wu, "False Alarmism: Technological Disruption and the US Labor Market, 1850—2015," Information Technology and Innovation Foundation, 2017, itif.org.

19 Wassily Leontief, "Technological Advance, Economic Growth, and the Distribution of Income," *Population and Development Review,* vol. 9, no. 3, 1983, p. 404.

20 凯恩斯发现，资本主义经济体中并没有任何机制能够自然而然地实现充分就业；他本人对于这一发现的反应也颇为类似。参见他的 "Economic Possibilities for Our Grandchildren (1930),"一文，辑录于 *Essays in Persuasion,* Harcourt Brace, 1932; 亦见 William Beveridge, *Full Employment in a Free Society*, George Allen & Unwin, 1944, esp. pp. 21–3.

21 Karl Marx, *Capital: A Critique of Political Economy,* vol. 1, Penguin Classics, 1976 [1867], pp. 492–508.

22 Amy Sue Bix, *Inventing Ourselves out of Jobs: America's Debate over Technological Unemployment, 1929—1981*, Johns Hopkins University Press, 2000, pp. 305–7. 亦见 Jason Smith, "Nowhere to Go: Automation, Then and Now," *Brooklyn Rail*, March–April 2017。

23 近代历史上，两种更加险恶的劳动力需求不足理论会周期性地反复出现：评论人士们时而从马尔萨斯人口动态理论中寻求解释，时而又会转而相信"犹太银行家操控了货币供应"的虚假证据。参见 Ian Angus and Simon Butler, *Too Many People? Population, Immigration,*

and the Environmental Crisis, Haymarket, 2011; Moishe Postone, "Anti-Semitism and National Socialism: Notes on the German Reaction to *Holocaust,*" *New German Critique,* 19, S1, 1980。

24 可参见 Jeanna Smialek and Keith Collins, "How the Fed Lost Its Faith in 'Full Employment,'" *New York Times*, December 12, 2019. 来自美联储体系内部的 R. Jason Faberman 等人阐释了他们的观点：自2008年经济危机以来，由于存在丧失就业意愿的工人、劳动时间角度就业不足的工人以及薪资潜力角度就业不足的工人，因此，"失业率"只能反映"劳动力市场潜在低迷的一小部分"。"The Shadow Margins of Labor Market Slack," NBER Working Paper 26852, March 2020. 当然，新冠肺炎疫情经济衰退导致其中的很多争论失去了意义。

25 Aaron Benanav, "Crisis and Recovery," *Phenomenal World*, April 3, 2020, 此文可见于 phenomenalworld.org。

26 劳动份额的全球测度标准包含自雇收入，因为在低收入国家很多人都是自雇型劳动者或没有薪酬的家庭劳动者。

27 参见 Josh Bivens and Lawrence Mishel, "Understanding the Historic Divergence between Productivity and a Typical Worker's Pay," EPI Briefing Paper 406, September 2015; Paolo Pasimeni, "The Relation between Productivity and Compensation in Europe," European Commission Discussion Paper 79, March 2018。

28 参见 Kathleen Thelen, *Varieties of Liberalization and the New Politics of Social Solidarity*, Cambridge University Press, 2014。

29 参见 David Autor, "Paradox of Abundance: Automation Anxiety Returns," 文章辑录于 Subramanian Rangan, ed., *Performance and Progress: Essays on Capitalism, Business, and Society*, Oxford University Press, 2015, p.

257; Robert J. Gordon, *Rise and Fall of American Growth*, Princeton University Press, 2016, p. 604。

30 参见 Fredric Jameson, *Archaeologies of the Future: The Desire Called Utopia and Other Science Fictions*, Verso, 2005

31 James Boggs, "Manifesto for a Black Revolutionary Party," 文章辑录于 Stephen M. Ward, ed., *Pages from a Black Radical's Notebook: A James Boggs Reader*, Wayne State University Press, 2011, p. 219。

第 2 章 劳动力的全球逆工业化

1 估测数据援引自国际劳工组织（ILO）, *Key Indicators of the Labour Market,* 9th ed., 2015, 其中包含了对2019年的预测。在全球经济范围内，这些服务业工人当中有很多人都处于非正规雇佣状态，他们或捡拾垃圾、或手推着餐饮小车售卖食品；在20世纪已经出现超市、仓储式零售商、冷藏车运输等技术的情况下，这些岗位原本面临着淘汰的可能。

2 Nick Dyer-Witheford, *Cyber-proletariat: Global Labour in the Digital Vortex*, Pluto, 2015, p. 184. 常规的智力活动，甚至高技能活动显然比非常规的手工岗位更易实现自动化，原因在于当前机器的灵巧度尚无法达到后者的要求。Erik Brynjolfsson and Andrew McAfee, *The Second Machine Age: Work, Progress, and Prosperity in a Time of Brilliant Technologies*, W.W. Norton, 2014, pp. 28–9。

3 Eve Batey, "Is SF Facing a Robot Food Apocalypse?," *Eater San Francisco*, January 8, 2020. 亦见 Tim Carman, "This Automated Restaurant Was Supposed to Be the Future of Dining. Until Humanity Struck Back,"

Washington Post, October 24, 2017。

4 可参见 Brynjolfsson and McAfee, *Second Machine Age*, pp. 30–1; Martin Ford, *Rise of the Robots: Technology and the Threat of a Jobless Future*, Basic Books, 2015, pp. 1–12。

5 David Autor, "Why Are There Still So Many Jobs? The History and Future of Workplace Automation," *Journal of Economic Perspectives*, vol. 29, no. 3, 2015, p. 23。

6 Eileen Appelbaum and Ronald Schettkat, "Employment and Productivity in Industrialized Economies," *International Labour Review*, vol. 134, nos. 4–5, 1995, pp. 607–9。

7 如无另行说明，本节其余部分统计数据均来自于 Conference Board, *International Comparisons of Manufacturing Productivity and Unit Labour Cost*（更新截至2020年1月），及 *Total Economy Database*（更新截至2019年4月）。

8 Fionna Tregenna, "Characterizing Deindustrialization: An Analysis of Changes in Manufacturing Employment and Output Internationally," *Cambridge Journal of Economics*, vol. 33, no. 3, 2009, p. 433。

9 制造业是工业部门的一个组成部分，工业部门通常包括采矿业、建筑业和公用事业，并且其就业份额也出现了下降，其主要原因（而非全部原因）在于制造业岗位的流失。

10 学术文献可见 Robert Rowthorn 和 Ramana Ramaswamy 屡屡被引用的论文 "Deindustrialization: Causes and Implications," IMF Working Paper 97/42, 1997. 媒体文章可见 Eduardo Porter, "Is the Populist Revolt Over? Not if Robots Have Their Way," *New York Times*, January 30, 2018。

11 引述于 Brynjolfsson and McAfee, *Second Machine Age*, p. 100。

12 参见 Brynjolfsson and McAfee, *Second Machine Age*, pp. 43–5。

13 参见 Martin Neil Baily and Barry P. Bosworth, "US Manufacturing: Understanding Its Past and Its Potential Future," *Journal of Economic Perspectives*, vol. 28, no. 1, 2014; Daron Acemoglvb u et al., "Return of the Solow Paradox? IT, Productivity, and Employment in US Manufacturing," *American Economic Review*, vol. 104, no. 5, 2014; 以及 Susan Houseman, "Understanding the Decline of US Manufacturing Employment," Upjohn Institute Working Paper 18–287, 2018。

14 Baily and Bosworth, "US Manufacturing," p. 9. 计算机和电子产品占美国制造业产出总量的 10% 至 15%。

15 Daniel Michaels, "Foreign Robots Invade American Factory Floors," *Wall Street Journal*, March 26, 2017。

16 根据国际机器人联合会数据，2016年制造业每万名从业人员安装工业机器人数量最高的国家包括韩国（631）、新加坡（488）、德国（309）和日本（303）；而美国的这一数据为189，中国为68。参见 International Federation of Robotics, "Robot Density Rises Globally," *IFR Press Releases*, February 7, 2018。

17 在常规经济核算中，增加值等于总收入扣除其他中间产品成本后的薪资收入和利润收入。

18 这一等式排除了所谓的小项 $\Delta P \Delta E$，将其视为无足轻重的因素。需要注意的是，这一等式成立的依据是劳动生产率（O/E）的定义，但不能将其用于构建因果关系。

19 值得注意的是，相对于其他欧洲国家，法国的失业情况较为严重。

20 José Gabriel Palma, "Four Sources of 'Deindustrialization' and a New Con-

cept of the 'Dutch Disease'", 辑录于 José Antonio Ocampo, ed., *Beyond Reforms: Structural Dynamics and Macroeconomic Vulnerability*, Stanford University Press, 2005, pp. 79–81. 参见 Rowthorn and Ramaswamy, "Deindustrialization," p. 6, 以及 Dani Rodrik, "Premature Deindustrialization," *Journal of Economic Growth*, vol. 21, no. 1, 2016, p. 7。

21 Rowthorn and Ramaswamy, "Deindustrialization," p. 20. 亦见 Robert Rowthorn and Ken Coutts, "De-industrialisation and the balance of payments in advanced economies," *Cambridge Journal of Economics*, vol. 28, no. 5, 2004. 尽管 Rowthorn 及其同事主要从制造业和服务业生产率增长率差异的角度来解释逆工业化，但他们是通过一种需求构成演变理论来解释此前工业化时期的存在，并以此解释从工业化到逆工业化转折发生的时间节点。

22 例如，以制造业就业份额的下降衡量，巴西的逆工业化进程始于1986年，彼时该国人均GDP为12,100美元（以2017年美元购买力平价计算），略高于1973年法国在逆工业化之初人均GDP的一半。南非、印尼和埃及在其经济逆工业化之初时的收入水平相对较低。参见 Sukti Dasgupta and Ajit Singh, "Manufacturing, Services, and Premature Deindustrialization in Developing Countries: A Kaldorian Analysis," in George Mavrotas and Anthony Shorrocks, eds., *Advancing Development: Core Themes in Global Economics*, Palgrave Macmillan, 2007; Tregenna, "Characterizing Deindustrialization"。

23 Fiona Treganna 将这一过程表述为"前工业化时期的逆工业化"，参见 "Deindustrialization, Structural Change, and Sustainable Economic Growth," UNIDO/UNU-MERIT Background Paper 32, 2015。

24 United Nations Industrial Development Organization, *Industrial Devel-*

opment Report 2018*, 2017, p. 166. 联合国工业发展组织（UNIDO）数据显示，在1991年至2016年的二十五年间，全球制造业就业份额从14.4%降至11.1%。而其他来源则认为，在20世纪第二个十年中期，这一份额接近17%。由于工发组织对中国制造业就业的统计更为严格，因此其统计数据低于其他来源所提供的数据。

25 1993年至2004年，由于经济结构调整，国有企业就业人数下跌了40%。参见 Barry Naughton, *The Chinese Economy: Transitions and Growth*, MIT University Press, 2007, p. 105。

26 World Trade Organization, *International Trade Statistics 2015*, 2015. 表A1所提供数据的独特之处在于它可回溯至20世纪50年代，并涵盖农业、采矿业、制造业和整体经济的世界产出和出口总额。可惜的是，世贸组织在2015年停止了对这一数据的更新。

27 世界银行指出，自全球金融危机以来，"贸易增长更加缓慢，原因不仅仅在于经济增长的贸易密集程度降低，还在于全球增长的放缓"。参见 Mary Hallward-Driemeier and Gaurav Nayyar, *Trouble in the Making? The Future of Manufacturing-Led Development*, World Bank, 2018, p. 81。

28 Robert Brenner 的这一观点可见其著作 *The Economics of Global Turbulence*, Verso, 2006, 以及其他著述。为了解释劳动力的逆工业化，笔者在此处对其阐释进行了拓展。亦可参见有关全球贸易"构成谬误"（fallacy of composition）的相关文献，如 Robert A. Blecker, "The Diminishing Returns to Export-Led Growth," a paper from the Project on Development, Trade, and International Finance, New York, 2000。

29 参见 Barry Eichengreen, *The European Economy Since 1945*, Princeton University Press, 2007, p. 18。

30 有关美国在冷战背景下的重新定向，参见 Barry Eichengreen, *The European Economy Since 1945*, pp. 54–8; Brenner, *Economics of Global Turbulence*, pp. 47–50; Yutaka Kosai, *The Era of High-Speed Growth*, University of Tokyo Press, 1986, pp. 53–68; 以及 Herbert Giersch et al., *The Fading Miracle: Four Decades of Market Economy in Germany*, Cambridge University Press, 1992, pp. 17–26。

31 参见 Brenner, *Economics of Global Turbulence*, pp. 67–93。Eichengreen 也将"二战后的欧洲"称为"出口导向型增长的经典案例"；参见 *European Economy*, p. 38, 其中有关技术转让的作用见 pp. 24–6。有关1949年贬值政策的作用，参见 pp. 77–9, 以及 Kosai, *High-Speed Growth*, pp. 67–8. 亦见 Nixon Apple, "The Rise and Fall of Full Employment Capitalism," *Studies in Political Economy*, vol. 4, no. 1, 1980。

32 参见 Brenner, *Economics of Global Turbulence*, pp. 50–1, 122–42。自20世纪70年代以来，某一特定地区在经济上面处于领先还是落后，主要取决于国际货币估值的冲击：美元的价值在1971年至1979年出现下降，而在1979年至1985年又开始攀升，1985年至1995年再次下降，在此之后又再度上升，如此反复——在每个时期都会拉动以美元计价的货币上下波动，并对国际竞争力产生影响。这一涨落不定的情形导致我们无法通过仅在美国盛行的模式来评估全球市场的趋势——而这一趋向在经济学文献中依然极为普遍。

33 参见 UNCTAD, *Trade and Development Report 2006*, 2006, pp. 42–50; Kiminori Matsuyama, "Structural Change in an Interdependent World: A Global View of Manufacturing Decline," *Journal of the European Economic Association*, vol. 7, nos. 2–3, 2009, pp. 478–86。

34 有助于理解这一论点的总结性阐释，参见 Robert Brenner 接受 Jeong Seong-jin 的访谈，"Overproduction Not Financial Collapse is the Heart of the Crisis: The US, East Asia and the World," *Asia-Pacific Journal*, vol. 7, issue 6, no. 5, 2009。

35 参见 Brenner, *Economics of Global Turbulence*, pp. 108–14. 图示参见 UNIDO, *Industrial Development Report 2018*, p. 172。制造业和非制造业的价格趋势差异在一定程度上也可通过鲍莫尔成本病进行解释，认识到这一点颇为重要。

36 参见 Rodrik, "Premature Deindustrialization," p. 4。

37 参见 Brenner, *Economics of Global Turbulence*, pp. 37–40. 投资品（investment goods）需求的下降反过来又抑制了总体需求。其结果是，从一个角度来看似乎是生产过剩的恶化，从另一个角度来看却又表现为投资不足的恶化，故而也是需求不足的恶化，导致了市场的增长放缓和竞争加剧。

38 无论是否采用先进技术，所有企业都必须不断地升级产能。参见 Sanjaya Lall, "The Technological Structure and Performance of Developing Country Manufactured Exports, 1985—98," *Oxford Development Studies*, vol. 28, no. 3, 2000, pp. 337–69。

39 在劳动力人口迅速增长的贫困国家，制造业就业增长的下降通常为相对下降，而非绝对下降。即便制造业就业水平仍在增长，但其所占份额却依然会下降。

40 参见 Gary Gereffi, "The Organization of Buyer-Driven Global Commodity Chains: How US Retailers Shape Overseas Production Networks," in Gary Gereffi and Miguel Korzeniewics, eds., *Commodity Chains and Global Capitalism*, Praeger, 1994。近年提出的阐释可见 William Mil-

berg and Deborah Winkler, *Outsourcing Economics: Global Value Chains in Capitalist Development*, Cambridge University Press, 2013。

41 Brenner, *Economics of Global Turbulence*, p. 113。

42 有关对此过程的较早阐释，参见G. K. Helleiner, "Manufacturing Exports from Less-Developed Countries and Multinational Firms," *Economic Journal*, vol. 83, no. 329, 1973, p. 28ff。1966年至1980年，美国所进口的在本土生产、国外组装的货物价值由9.53亿美元升至近140亿美元，15年间增幅逾1300%。参见US International Trade Commission, *Imports under Items 806.30 and 807.00 of the Tariff Schedules of the United States, 1984—87*, 1988。

43 Dyer-Witheford, *Cyber-Proletariat*, p. 71。

44 参见Gary Herrigel, *Manufacturing Possibilities: Creative Action and Industrial Recomposition in the United States, Germany, and Japan*, Oxford University Press, 2010。

45 有关全球对比下中国铁锈地带的阐释，参见Ching Kwan Lee, *Against the Law: Labour Struggles in China's Rustbelt and Sunbelt*, University of California Press, 2007, esp. pp. 242–58。

46 Peter Goodman, "The Robots Are Coming and Sweden Is Fine," *New York Times*, December 27, 2017; Yuri Kageyama, "Reverence for Robots: Japanese Workers Treasure Automation," *Associated Press News*, August 16, 2017. 机器人密度相关数据参见International Federation of Robotics, "Robot Density Rises Globally"。

47 Hallward-Driemeier and Nayyar, *Trouble in the Making?*, pp. 97–8.

第 3 章　笼罩在停滞的阴影下

1. 如无另行说明，制造业增加值和 GDP 增长率均为经通胀调整后的实际数值，而非名义数值。GDP 增长和劳动生产率（以雇员人均实际增加值计）的测度数据来源于 Conference Board, *Total Economy Database*, 更新截至 2018 年 11 月。

2. 德国制造业增加值和 GDP 增长率从 1973 年开始便已经开始下降，但制造业增加值增长速度仍快于 GDP。与此同时，意大利的经济已经完全陷于停滞。

3. 参见 William Baumol, "Macroeconomics of Unbalanced Growth: The Anatomy of Urban Crisis," in *American Economic Review*, vol. 57, no. 3, June 1967, pp. 415–26; Robert Rowthorn and Ramana Ramaswamy, "Deindustrialization: Causes and Implications," IMF Working Paper 97/42, 1997, pp. 9–11; Dani Rodrik, "Premature Deindustrialization," *Journal of Economic Growth*, vol. 21, no. 1, 2016, p. 16。

4. 资本存量数据来自于 *Penn World Table 9.1*, 更新截至 2019 年 9 月，索引自 FRED, Federal Reserve Bank of St. Louis, 索引时间为 2020 年 5 月 9 日。

5. 参见 Joseph Schumpeter, *Business Cycles*, vol. 1, McGraw-Hill, 1939, pp. 93–4。

6. 可参见 Thomas Piketty, *Capital in the Twenty-First Century*, Harvard University Press, 2014; Robert J. Gordon, *Rise and Fall of American Growth*, Princeton University Press, 2016; 围绕劳伦斯·萨默斯的假设所撰写的文章辑录于 Coen Teulings and Richard Baldwin, eds., *Secular*

Stagnation: Facts, Causes, and Cures, Vox, 2014。

7 对此现象的最初阐释，参见 Nicholas Kaldor, *Causes of the Slow Rate of Economic Growth in the United Kingdom*, Cambridge University Press, 1966。延伸讨论亦见 Mary Hallward-Driemeier and Gaurav Nayyar, *Trouble in the Making? The Future of Manufacturing-Led Development*, World Bank, 2018, pp. 9–37。

8 参见 A.P. Thirlwall, "A Plain Man's Guide to Kaldor's Growth Laws," *Journal of Post-Keynesian Economics*, vol. 5, no. 3, 1983, pp. 345–6. 有关技术枯竭的观点可见 Gordon, *Rise and Fall of American Growth*。

9 参见 Adam Szirmai, "Industrialization as an Engine of Growth in Developing Countries, 1950—2005," 刊载于 *Structural Change and Economic Dynamics*, vol. 23, no. 4, 2012, pp. 406–20. 亦见 Adam Szirmai and Bart Verspagen, "Manufacturing and Economic Growth in Developing Countries, 1950—2005," *Structural Change and Economic Dynamics*, vol. 34, September 2015, pp. 46–59。

10 Robert Scott, "The Manufacturing Footprint and the Importance of US Manufacturing Jobs," Economic Policy Institute Briefing Paper 388, January 22, 2015。

11 美国制造业总产出份额援引自美国经济分析局（United States Bureau of Economic Analysis），日本制造业总产出份额援引自日本统计局（Statistics Bureau of Japan），*Japan Statistical Yearbook 2020*, Table 3–5, "Gross Domestic Product and Factor Income Classified by Economic Activities (at Current Prices)," p. 100。

12 参见 Robert Brenner, "What's Good for Goldman Sachs Is Good for America"，此文为其著作 *The Economics of Global Turbulence*（Akal,

2009）西班牙文译本的前言部分；其他阐释可见 Robert Skidelsky, *Keynes: The Return of the Master*, PublicAffairs, 2010。

13 参见 Robert Brenner, *The Boom and the Bubble: The US in the World Economy*, Verso, 2002, pp. 188–217。

14 参见 Rana Foroohar, "US Economy Is Dangerously Dependent on Wall Street Whims," *Financial Times*, March 8, 2020。

15 参见 John Plender, "Why 'Japanification' Looms for the Sluggish Eurozone," *Financial Times*, March 19, 2009. 亦见 Richard Koo, *The Holy Grail of Macroeconomics: Lessons from Japan's Great Recession*, Wiley, 2008。

16 Brenner, *Economics of Global Turbulence*, pp. 153–7. 亦见 Gary Herrigel, *Manufacturing Possibilities: Creative Action and Industrial Recomposition in the United States, Germany, and Japan*, Oxford University Press, 2010。

17 后续分析参见 Brenner, *Boom and Bubble*, pp. 48–93。

18 参见 R. Taggart Murphy, *The Weight of the Yen*, W.W. Norton, 1996, pp. 165–94; Herbert Giersch et al., *The Fading Miracle: Four Decades of Market Economy in Germany*, Cambridge University Press, 1992, pp. 185–255; Brenner, *Boom and Bubble*, pp. 94–127。

19 Murphy, *Weight of the Yen*, pp. 195–218, 239–310；亦见 R. Taggart Murphy, *Japan and the Shackles of the Past*, Oxford University Press, 2014; Perry Anderson, "Situationism à l'Enverse?," *New Left Review* 119, S2, September–October 2019, pp. 74–7。

20 Brenner, *Boom and Bubble*, pp. 128–70。

21 Brenner, *Economics of Global Turbulence*, pp. 153–7。

22 制造业占全球贸易的70%；包括农产品、燃料和矿物在内的初级产品所占比例为25%；服务业所占到的比例仅为5%。World Trade Organization, *World Trade Statistical Review 2018*, 2018, p. 11. 有关农业领域的生产过剩，参见 UN Food and Agriculture Organization, *State of Food and Agriculture 2000*, 2000。

23 2001年至2007年，全球制造业增加值年均增长率升至3.5%。此后又在2008年至2014年跌至1.6%。有关趋同的论述，参见 Michael Spence, *The Next Convergence: The Future of Economic Growth in a Multispeed World*, FSG, 2011；亦见 Dani Rodrik, "The Future of Economic Convergence," NBER Working Paper 17400, 2011。

24 Conference Board, *Total Economy Database*. 亦见 Richard Freeman, "The Great Doubling: The Challenge of the New Global Labour Market," in J. Edwards et al., eds., *Ending Poverty in America: How to Restore the American Dream*, New Press, 2007。

25 参见 Mike Davis, *Planet of Slums*, Verso, 2006. 亦见 Aaron Benanav, "Demography and Dispossession: Explaining the Growth of the Global Informal Workforce, 1950—2000," *Social Science History*, vol. 43, no. 4, 2019, pp. 679–703。

26 例如，1870年至1913年，英国GDP年均增长率为1.9%（2001年至2017年为1.6%），法国为1.6%（2001年至2017年为1.2%），德国为2.9%（2001年至2017年为1.4%）。参见 Stephen Broadberry and Kevin O'Rourke, *The Cambridge Economic History of Modern Europe*, vol. 2, *1870 to the Present*, Cambridge University Press, 2010, p. 36。

27 1913年，欧洲仍有47%的人口从事于农业。来源同上，p. 61。

28 参见 Paul Bairoch, "International Industrialization Levels from 1750 to

1980," *Journal of European Economic History*, vol. 11, no. 2, Fall 1982. 亦见 Jeffrey Williamson, *Trade and Poverty: When the Third World Fell Behind*, MIT Press, 2011。

29 可参见 Alexander Keyssar, *Out of Work: The First Century of Unemployment in Massachussetts*, Cambridge University Press, 1986; Christian Topalov, *Naissance du chômeur, 1880—1919*, Albin Michel, 1994。

30 克里斯汀·罗斯（Kristin Ross）在其著作中将"占领奥克兰"的工人们的经历同曾经的巴黎公社进行了类比，参见 *Communal Luxury: The Political Imaginary of the Paris Commune*, Verso, 2015, p. 3。

31 Óscar Jordá, Sanjay R. Singh, and Alan M. Taylor, "Longer-run Economic Consequences of Pandemics," NBER Working Paper 26934, 2020。

32 参见 Joseph Schumpeter, *Capitalism, Socialism, and Democracy*, Routledge, 2003, pp. 81–6。

33 Andy Stern, *Raising the Floor: How a Universal Basic Income Can Renew Our Economy and Rebuild the American Dream*, Public Affairs, 2016, pp. 7–8。亦见 Andrew Yang, *The War on Normal People: The Truth about America's Disappearing Jobs and Why Universal Basic Income Is Our Future*, Hachette, 2018, p. 94。

34 可参见 Ray Kurzweil, *The Singularity Is Near*, Viking, 2005, p. 67。批判观点可见 Gordon, *Rise and Fall of American Growth*, pp. 444–7. Gordon 认为，自 2005 年以来，摩尔定律已经崩溃。亦见 Tom Simonite, "Moore's Law is Dead. Now What?," *MIT Technology Review*, May 13, 2016。

35 人工智能科学家们大多怀疑通用人工智能是否能够接近这一发展

水平，有关他们的一系列批判性反思，参见 Martin Ford, *Architects of Intelligence: The Truth about AI from the People Building It*, Packt Publishing, 2018。

36 James Vincent, "Former Facebook Exec Says Social Media Is Ripping Apart Society," *Verge*, December 11, 2017; Mattha Busby, "Social Media Copies Gambling Methods 'to Create Psychological Cravings,'" *Guardian*, May 8, 2018。

37 参见 Raniero Panzieri, "The Capitalist Use of Machinery: Marx versus the Objectivists," in Phil Slater, ed., *Outlines of a Critique of Technology*, Humanities Press, 1980; Derek Sayer, *The Violence of Abstraction*, Basil Blackwell, 1987。

38 参见 Nick Dyer-Witheford, *Cyber-proletariat: Global Labour in the Digital Vortex*, Pluto, 2015, pp. 87–93。

39 相关经典阐释可见 David Noble, *Forces of Production: A Social History of Industrial Automation*, Knopf, 1984. 亦见 Tony Smith, *Technology and Capital in the Age of Lean Production: A Marxian Critique of the "New Economy,"* SUNY Press, 2000; 以及 Gavin Mueller, *Breaking Things at Work: The Luddites Are Right about Why You Hate Your Job*, Verso, 2020。

40 Ceylan Yeginsu, "If Workers Slack Off, the Wristband Will Know. (And Amazon Has a Patent for It.)," *New York Times*, February 1, 2018; Beth Gutelius and Nik Theodore, *The Future of Warehouse Work: Technological Change in the US Logistics Industry*, UC Berkeley Center for Labor Research and Education, October 2019。

41 对进口产品所实施的强有力的关税保护也同样是关键因素。参见

Niek Koning, *The Failure of Agrarian Capitalism: Agrarian Politics in the UK, Germany, the Netherlands, and the USA, 1846—1919*, Routledge, 2002。

42 参见 UN Food and Agriculture Organization, *State of Food and Agriculture 2000*; 以及 Marcel Mazoyer and Laurence Roudart, *A History of World Agriculture: From the Neolithic Age to the Current Crisis*, Monthly Review, 2006, pp. 375–440。

43 统计数据援引自 Groningen Growth and Development Centre, *10-Sector Database*, 数据更新于 2015 年 1 月；20 世纪 80 年代全球农业就业份额援引自 David Grigg, "Agriculture in the World Economy: an Historical Geography of Decline," *Geography*, vol. 77, no. 3, 1992, p. 221 and for 2018 from ILO, *World Employment and Social Outlook—Trends 2019*, 2019, p. 14。

44 参见 Martin Ford, *Rise of the Robots: Technology and the Threat of a Jobless Future*, Basic Books, 2015, pp. 181–91; Stern, *Raising the Floor*, pp. 69–70. 亦见 Conor Dougherty, "Self-Driving Trucks May Be Closer Than They Appear," *New York Times*, November 13, 2017。怀疑论者罗伯特·戈登（Robert Gordon）则对这一炒作持质疑态度。参见 Gordon, *Rise and Fall of American Growth*, p. 599ff。

45 尽管采矿业在全球雇佣工人的数量较少，但它或许是第一个广泛部署自动化生产的行业。有关力拓集团在西澳大利亚州的计划，参见 William Wilkes, "How the World's Biggest Companies are Fine-Tuning the Robot Revolution," Dow Jones Institutional News, May 14, 2018。

46 参见 Ellen Israel Rosen, *Making Sweatshops: The Globalization of the US Apparel Industry*, University of California Press, 2002; 以及 Jeffer-

son Cowie, *Capital Moves: RCA's Seventy-Year Quest for Cheap Labour*, New Press, 1999。

47 Phil Neel, "Swoosh," *Ultra*, November 8, 2015, available at ultra-com.org; Anna Nicolaou and Kiran Stacey, "Stitched up by Robots," *Financial Times*, July 19, 2017; Jennifer Bissell-Linsk, "Robotics in the Running," *Financial Times*, October 23, 2017; Jon Emont, "The Robots Are Coming for Garment Workers. That's Good for the US, Bad for Poor Countries," *Wall Street Journal*, February 16, 2018; Kevin Sneader and Jonathan Woetzel, "China's Impending Robot Revolution," *Wall Street Journal*, August 3, 2016; Saheli Roy Choudhury, "China Wants to Build Robots to Overtake Its Rivals—But It's Not There Yet," CNBC, August 16, 2018; Brahima Coulibaly, "Africa's Race against the Machines," *Project Syndicate*, June 16, 2017; AFP, "Tech to Cost Southeast Asia Millions of Jobs, Doom 'Factory Model,' Warns WEF," *AFP International Text Wire*, September 12, 2018。

48 Hallward-Driemeier and Nayyar, *Trouble in the Making?*, pp. 93–6。全球IT和呼叫中心行业雇佣人数的下降似乎已经势不可免，因为云计算的出现让企业无需再去自行开发和监测自有网站和在线数据库；大型印度IT企业已经在裁撤岗位。参见 Simon Mundy, "India's Tech Workers Scramble for Jobs as Industry Automates," *Financial Times*, May 27, 2017。

49 Nathaniel Meyersohn, "Grocery Stores Turn to Robots during the Coronavirus," *CNN Business*, April 7, 2020. 亦见 John Reed, Mercedes Ruehl, and Benjamin Parkin, "Coronavirus: will call centre workers lose their 'voice' to AI?," *Financial Times*, April 22, 2020。

第 4 章　劳动力需求低迷

1. Wassily Leontief, "Technological Advance, Economic Growth and the Distribution of Income," *Population and Development Review*, vol. 9, no. 3, 1983, p. 409; Erik Brynjolfsson and Andrew McAfee, *The Second Machine Age: Work, Progress, and Prosperity in a Time of Brilliant Technologies*, W.W. Norton, 2014, p. 179. Nick Dyer-Witheford 认为将会出现一个"越来越深的失业人口池，他们不再是数字资本所倚赖的对象"（deepening pool of unemployed populations, no longer required by digital capital）(*Cyber-proletariat: Global Labour in the Digital Vortex*, Pluto, 2015, p. 3), 而杨安泽则提到"越来越多的人被永久性地取代"（growing mass of the permanently displaced），参见其著作 *The War on Normal People: The Truth about America's Disappearing Jobs and Why Universal Basic Income Is Our Future*, Hachette, 2018, p. xli)。

2. 在科幻作家 Arthur C. Clarke 看来，"未来的目标是充分失业，好让我们尽情玩乐。这就是我们为什么要打破现有政治经济体系的原因"（"The goal of the future is full unemployment, so we can play. That's why we have to destroy the present politico-economic system."）Arthur C. Clarke (interview) Los Angeles Free Press, April 25, 1969。亦见 Brynjolfsson and McAfee, *Second Machine Age*, pp. 180–1; 以及 Martin Ford, *Rise of the Robots: Technology and the Threat of a Jobless Future*, Basic Books, 2015, pp. 194–6。

3. 有关以失业为指标来测度劳动力市场健康状况的局限性，参见 David Blanchflower, *Not Working: Where Have All the Good Jobs Gone?*,

Princeton University Press, 2019。有关失业作为一种经济学门类的源起，参见 Michael Piore, "Historical Perspectives and the Interpretation of Unemployment," *Journal of Economic Literature*, vol. 25, no. 4, 1987。

4　Yang, *War on Normal People*, p. 80. Laura Tyson, "Labour Markets in the Age of Automation," *Project Syndicate*, June 7, 2017。

5　有关不同的福利国家制度如何适应高失业率的回归，参见 Gøsta Esping-Andersen, *Social Foundations of Postindustrial Economies*, Oxford University Press, 1999; Kathleen Thelen, *Varieties of Liberalization and the New Politics of Social Solidarity*, Cambridge University Press, 2014; and Lucio Baccaro and Chris Howell, *Trajectories of Neoliberal Transformation: European Industrial Relations since the 1970s*, Cambridge University Press, 2017。亦见 J. Timo Weishaupt, *From the Manpower Revolution to the Activation Paradigm: Explaining Institutional Continuity and Change in an Integrating Europe*, University of Amsterdam Press, 2011。

6　这一趋势的例外包括法国、西班牙、奥地利和意大利。这些国家继续投入了大量资金用于维持和支撑失业收入，并且平均失业率处于较高水平。

7　OECD, *Measuring the Digital Transformation: A Roadmap for the Future*, 2019, p. 175。瑞典在第二次世界大战后较早采取了积极的劳动力市场政策；在随后的几十年中，其他国家也纷纷跟随其步伐。

8　Karl Marx, *Capital: A Critique of Political Economy*, vol. 1, Penguin Classics, 1976 [1867], pp. 796 and 798。关于马克思的相对过剩人口概念如何应用于我们这个时代的进一步分析，参见 Aaron Benanav and John Clegg, "Crisis and Immiseration: Critical Theory Today," in Beverley Best,

Werner Bonefeld, and Chris O'Kane, eds., *SAGE Handbook of Frankfurt School Critical Theory*, Sage, 2018, 1629—48; 以及 Endnotes and Aaron Benanav, "Misery and Debt," *Endnotes*, no. 2, 2010; and Endnotes, "An Identical-Abject Subject," *Endnotes*, no. 4, 2015。

9 有关以发达资本主义国家为主要研究对象的比较体制分析，参见 Arne Kalleberg, *Precarious Lives: Job Insecurity and Well-Being in Rich Democracies*, Polity, 2018。

10 Josh Bivens and Lawrence Mishel, "Understanding the Historic Divergence between Productivity and a Typical Worker's Pay," EPI Briefing Paper 406, September 2015。

11 参见 Paul Beaudry et al., "The Great Reversal in the Demand for Skill and Cognitive Tasks," NBER Working Paper 18901, 2013; Elise Gould, "Higher Returns on Education Can't Explain Growing Wage Inequality," *Working Politics* (blog), Economics Policy Institute, March 15, 2019; Lawrence Mishel et. al., "Wage Stagnation in Nine Charts," EPI Report, January 6, 2015。针对以技能偏向型技术变革解释经济不平等加剧的论调，相关延伸批判参见 John Schmitt, Heidi Shierholz, and Lawrence Mishel, "Don't Blame the Robots: Assessing the Job Polarization Explanation of Growing Wage Inequality," EPI–CEPR Working Paper, 2013。

12 有关近年技术发展的法律背景分析（这一分析也对自动化理论家的阐释提出了质疑），参见 Brishen Rogers, "The Law and Political Economy of Workplace Technological Change," *Harvard Civil Rights-Civil Liberties Law Review*, vol. 55, 2020. 亦见 Nick Srnicek, *Platform Capitalism*, Polity, 2016。

13 Bureau of Labor Statistics, *Contingent and Alternative Employment Relations*, May 2017。

14 主要例外是瑞典及第二次世界大战后早期的英国,其劳动力市场制度是由社会民主党和工党政府所设计。参见 Gøsta Esping-Andersen, *The Three Worlds of Welfare Capitalism*, Princeton University Press, 1990。

15 OECD, *Indicators of Employment Protection*, 更新截至2014年。这些数据测度了企业解雇员工的程序和成本。

16 参见 Esping-Andersen, *Social Foundations*, pp. 107–11. 亦见 Patrick Emmenegger et al., eds., *The Age of Dualization: The Changing Face of Inequality in Deindustrializing Societies*, Oxford University Press, 2012,探讨了欧洲福利国家局内人/局外人区别的演变。

17 有关德国劳动力市场条件恶化的分析,参见 Oliver Nachtwey, *Germany's Hidden Crisis: Social Decline in the Heart of Europe*, Verso, 2018, esp. pp. 103–61。

18 参见 ILO, *Non-Standard Employment around the World*, 2016.亦见 Paolo Barbieri and Giorgio Cutuli, "Employment Protection Legislation, Labour Market Dualism, and Inequality in Europe," *European Sociological Review*, vol. 32, no. 4, 2016, pp. 501–16。

19 参见 Brett Neilson and Ned Rossiter, "Precarity as a Political Concept, or, Fordism as Exception," *Theory, Culture, and Society*, vol. 25, nos. 7–8, 2008。

20 参见 Bruno Palier and Kathleen Thelen, "Institutionalizing Dualism: Complementarities and Change in France and Germany," *Politics and Society*, vol. 38, no. 1, 2010; David Rueda, "Dualization, Crisis, and the

Welfare State," *Socio-Economic Review*, vol. 12, no. 2, 2014。

21 OECD, *In It Together: Why Less Inequality Benefits All*, 2015, p.144。亦见 Shiho Futagami, "Non-Standard Employment in Japan: Gender Dimensions," International Institute for Labour Studies Discussion Paper DP/200/2010, 2010, p. 29。亦见 Kalleberg, *Precarious Lives*, pp. 73–107。

22 OECD, *Economic Outlook*, 2018, p. 54。

23 参见 Aaron Benanav, "The Origins of Informality: The ILO at the Limit of the Concept of Unemployment," *Journal of Global History*, vol. 14, no. 1, 2019, pp. 107–25。

24 Jacques Charmes, "The Informal Economy Worldwide: Trends and Characteristics," *Margin: The Journal of Applied Economic Research*, vol. 6, no. 2, 2012, pp. 103–32。亦见 Aaron Benanav, "Demography and Dispossession: Explaining the Growth of the Global Informal Workforce, 1950—2000," *Social Science History*, vol. 43, no. 4, 2019。

25 Jan Breman and Marcel van der Linden, "Informalizing the Economy: The Return of the Social Question at a Global Level," *Development and Change*, vol. 45, no. 5, 2014。

26 参见 Pun Ngai, *Migrant Labor in China: Post-socialist Transformations*, Polity, 2016。

27 在撒哈拉以南非洲，仅有3%的工人享有失业福利；相比之下，高收入国家的这一比例高达76%：ILO, *World Employment Social Outlook: The Changing Nature of Jobs*, 2015, p. 80。

28 分别参见国际劳工组织（ILO）发布的关键指标，以及该机构所发布的报告 *Women and Men in the Informal Economy: A Statistical Picture*,

3rd ed., 2018, p. 23。

29　ILO, *World Employment Social Outlook*, p. 31。

30　参见 Ronaldo Munck, "The Precariat: A View from the South," *Third World Quarterly*, vol. 34, no. 5, 2013。

31　一些自动化理论家的确将就业不足视为当代经济体的一个共同特征，但是他们无法解释这一现象，只是一味地将其归因于显而易见的技术变革活力。可参见 Andy Stern, *Raising the Floor: How a Universal Basic Income Can Renew Our Economy and Rebuild the American Dream*, PublicAffairs, 2016, p. 185; 及 Yang, *War on Normal People*, pp. 79–80。

32　这是安德鲁·尼科尔编剧并执导的电影《时间规划局》(2011)的大致情节。亦见阿方索·卡隆的《人类之子》(2006)，尼尔·布洛姆坎普的《第九区》(2009)和《极乐世界》(2013)，以及佩德罗·阿奎莱拉编剧的巴西电视剧《3%》。

33　国际劳工组织(ILO)发布的关键指标(*Key Indicators*)。在这17%中，有相当一部分人都从事家庭工业的非正规雇佣岗位：在家里或后院的小型作坊或铸造厂里生产砖块、香烟、锁具和鞋子。

34　根据国际劳工组织(ILO)发布的关键指标(*Key Indicators*)，2020年，服务业工人占到了全球劳动力人口的大多数。

35　Daniel Bell, *The Coming of Post-industrial Society*, Basic Books, 1973。

36　参见 William Baumol, "Macroeconomics of Unbalanced Growth: The Anatomy of Urban Crisis," *American Economic Review*, vol. 57, no. 3, June 1967, pp. 415–26; as well as Baumol et al., *Productivity and American Leadership: The Long View*, MIT Press, 1989。

37　William Baumol et. al., "Unbalanced Growth Revisited: Asymptotic

Stagnancy and New Evidence," *American Economics Review*, vol. 75, no. 4, 1985, p. 806。

38 类似分析可见 Servaas Storm, "The New Normal: Demand, Secular Stagnation, and the Vanishing Middle Class," *International Journal of Political Economy*, no. 46, 2017, pp. 169–210, 尽管 Storm 将经济体系中活力部门工作岗位的裁减归因为自动化，而非全球产能过剩。

39 Jonathan Gershuny and I.D. Miles, *The New Service Economy*, Praeger, 1983, p. 22. 亦见 Jonathan Gershuny, *After Industrial Society? The Emerging Self-Service Economy*, Macmillian, 1978, pp. 56–7。

40 参见 Baumol et. al., "Unbalanced Growth Revisited"。服务业部门的一些子行业，如美国贸易和运输业，自 2000 年以来出现了生产率增长加速的情形。然而，这一子行业的技术创新并未带来整体的持续性生产率增长——即制造业在其漫长工业发展历程中所呈现的那种独特增长形式。用鲍莫尔的话说，仓储业等服务业往往处于"渐进停滞"的状态（asymptotically stagnant）。这些行业内部可划分出不同环节，其中部分环节可借助工业流程带来效率的提升，而这样的情形在另一些环节（如仓库里的存货和拣货）中则无法实现。久而久之，随着前者效率的提高，后者逐渐在雇佣人数上占据了优势。尽管"渐进停滞"通常是服务业的特性，但它也同样存在于部分劳动密集型产业，如服装缝制和电子组装，这些产业在创造全球制造业就业岗位方面发挥了重要作用，如今正遭受着自动化的威胁。

41 鲍莫尔认为，实际上是制成品价格的下降造成了服务价格上涨的表象。相对价格的变化是由不同的劳动生产率增长率所决定，这一理论是劳动价值理论背后的最初直觉。参见 Adam Smith, *Wealth of Nations*, David Campbell Publishers, 2000 [1776], pp. 73–4。

42 类似论述可见 Torben Iversen and Anne Wren, "Equality, Employment, and Budgetary Restraint: The Trilemma of the Service Economy," *World Politics*, vol. 50, no. 4, 1998; 亦见 Storm, "The New Normal"。

43 OECD, *Employment Outlook*, 1987, pp. 10–11。

44 David Autor and Anna Salomons, "Is Automation Labour-Displacing? Productivity Growth, Employment, and the Labour Share," *Brookings Papers on Economic Activity*, 2018, pp. 2–3。

45 ILO and OECD, "The Labour Share in the G20 Economies," report prepared for the G20 Employment Working Group, February 2015, p. 3. IMF, *World Economic Outlook*, 2017, p. 3. 亦见 Loukas Karabarbounis and Brent Neiman, "The Global Decline of the Labour Share," *Quarterly Journal of Economics*, vol. 129, no. 1, 2014。

46 Andrew Sharpe and James Uguccioni, "Decomposing the Productivity-Wage Nexus in Selected OECD Countries, 1986—2013," 刊载于 *International Productivity Monitor*, no. 32, 2017, p. 31。

47 参见 Thomas Piketty, *Capital in the Twenty-First Century*, Harvard University Press, pp. 407–9, 该书分析了相较于劳动收入最高者而言，财富继承额最高的1%群体可雇仆佣的数量。

48 Ford, *Rise of the Robots*, p. 219; Mike Davis, *Planet of Slums*, Verso, 2006, p. 199。

49 最贫困的50%人口收入的部分增长被上涨的城市生活成本所吞噬，众所周知，其测度颇为困难；同一时期，城市化率由39%增长到了54%。

50 Facundo Alvaredo et al., eds., *World Inequality Report 2018*, Harvard University Press, 2018, p. 52。

51 对于这一全球性现象的分析，参见United Nations, *Human Development Report 2019: Beyond Income, beyond Averages, beyond Today: Inequalities in Human Development in the 21st Century*, 2019。

52 参见Kalleberg, *Precarious Lives*, pp. 130–49; 以及Blanchflower, *Not Working*, pp. 212–37。

53 OECD, *Employment Outlook*, 2019, p. 29。

54 Marcel van der Linden, "The Crisis of World Labor," *Solidarity*, no. 176, May–June 2015。

第5章 "银弹"妙药

1 这些想法并不仅限于右派人士。参见Jamie Merchant, "Fantasies of Secession: A Critique of Left Economic Nationalism," *Brooklyn Rail*, February 2018。

2 可参见Darrell West, *The Future of Work: Robots, AI, and Automation*, Brookings Institution Press, 2018, p. 139; Andrew Yang, *The War on Normal People: The Truth about America's Disappearing Jobs and Why Universal Basic Income Is Our Future*, Hachette, 2018, pp. 150–61, 75–7; Eduardo Porter, "Is the Populist Revolt Over? Not If Robots Have Their Way," *New York Times*, January 30, 2018; 以及Martin Ford, *Rise of the Robots: Technology and the Threat of a Jobless Future*, Basic Books, 2015, pp. 249–52。

3 政府债务与GDP比率数据援引自IMF, Historical Public Debt Database, 1945—2015, 以及Global Debt Database, General Government Debt, 2015—18。

4 参见 Andrew Glyn, "Social Democracy and Full Employment," Wissenschaftszentrum Berlin für Sozialforschung Discussion Paper, no. FS I 95-302, 1995, p. 10。

5 参见 Robert Brenner, "What's Good for Goldman Sachs Is Good for America," 此文为其著作 *The Economics of Global Turbulence*（Akal, 2009）西班牙文译本的前言部分；Wolfgang Streeck, "How Will Capitalism End?," *New Left Review*, no. 87, S2, May–June 2014。

6 Emre Tiftik et al., "Global Debt Monitor: Sustainability Matters," Institute of International Finance, January 13, 2020, 引述于 John Plender, "The Seeds of the Next Debt Crisis," *Financial Times*, March 3, 2020。

7 经济增长率数据援引自 World Bank, *World Development Indicators*, 更新截至2020年4月。

8 Dan McCrum, "Lex in Depth: The Case against Share Buybacks," *Financial Times*, January 29, 2019。

9 John Maynard Keynes, "Economic Possibilities for Our Grandchildren (1930)," 辑录于 *Essays in Persuasion*, Harcourt Brace, 1932; *The General Theory of Employment, Interest, and Money*, Harcourt, 1964 [1936], pp. 320–6; 374–7. 参见 Geoff Mann, *In the Long Run We Are All Dead: Keynesianism, Political Economy, and Revolution*, Verso, 2017。

10 Keynes, *General Theory*, 376. 亦见 Alvin Hansen, "Economic Progress and Declining Population Growth," *American Economic Review*, vol. 29, no. 1, 1939。对这些观点的人口层面进行的分析，参见 Melinda Cooper, "Secular Stagnation: Fear of a Non-Reproductive Future," *Postmodern Culture*, vol. 27, no. 1, 2016。

11 Larry Summers, "Demand Side Secular Stagnation," *American Economic*

Review, vol. 105, no. 5, 2015, p. 64。

12　Keynes, *General Theory*, p. 324。

13　Keynes, "Economic Possibilities," pp. 368–9。

14　Lorenzo Pecchi and Gustavo Piga, *Revisiting Keynes' Economic Possibilities for our Grandchildren*, MIT Press, 2008. 亦见 Mike Beggs, "Keynes's Jetpack," *Jacobin*, April 17, 2012; Robert Chernomas, "Keynes on Post-Scarcity Society," *Journal of Economic Issues*, vol. 18, no. 4, 1984; James Crotty, *Keynes against Capitalism*, Taylor & Francis, 2019。

15　罗宾逊斥责"凯恩斯主义杂种们"颠倒了凯恩斯承诺的等级顺序，并以凯恩斯的口吻提出了一个荒唐的论调："如果资本主义与富足彼此不容，那就应当牺牲富足来维持资本主义运转"（if capitalism is incompatible with plenty, plenty ought to be sacrificed to keep capitalism going）。参见 Joan Robinson, "What Has Become of the Keynesian Revolution?," *Challenge*, vol. 6, no. 16, 1974, p. 11。

16　参见 William Beveridge, *Full Employment in a Free Society*, George Allen & Unwin, 1944, p. 31, 101, 159, 273. 与之类似，国际联盟（League of Nations）在其最后的报告中认为，"我们决不能被收入不足情况下的无用休闲所带来的弊端带来的痛苦记忆蒙蔽双眼，而无法看到主要物质需求已得到保障的人们享受有用休闲的所带来的益处"（We must not allow painful memories of the evils of unwanted leisure in the absence of adequate income to blind us to the benefits of wanted leisure for those whose primary material needs have already been assured）。参见 League of Nations, *Economic Stability in the Post-War World: The Conditions of Prosperity after the Transition from War to Peace*, 1945, pp. 228–9。

17 参见 Robert Pollin, *Greening the Global Economy*, MIT Press, 2015; Ann Pettifor, *The Case for a Green New Deal*, Verso, 2019; 以及 Kate Aronoff et. al., *A Planet to Win: The Case for the Green New Deal*, Verso, 2019。批判观点可见 Geoff Mann and Joel Wainwright, *Climate Leviathan: A Political Theory of Our Planetary Future*, Verso, 2018, pp. 99–128; Troy Vetesse, "To Freeze the Thames," *New Left Review*, no. 111, S2, May–June 2018; Jason Hickel, "Degrowth: A Theory of Radical Abundance," *Real World Economics Review*, no. 87, 2019, pp. 54–68; 以及 Nicholas Beuret, "A Green New Deal between Whom and for What?," *Viewpoint*, October 24, 2019。

18 参见 Nixon Apple, "The Rise and Fall of Full Employment Capitalism," *Studies in Political Economy*, vol. 4, no. 1, 1980。

19 相关经典阐释可见 Michal Kalecki, "Political Aspects of Full Employment," *Political Quarterly*, vol. 14, no. 4, 1943. Kalecki 错误地认为资本家们会反对充分就业本身。只要充分就业是在快速的出口驱动增长过程中通过私人投资得以实现，那么充分就业就能够为其所接受。亦见 Jonathan Levy, "Capital as Process and the History of Capital," *Business History Review*, vol. 91, special issue 3, 2017。

20 参见 James Crotty, "Post-Keynesian Economic Theory: An Overview and Evaluation," *American Economic Review*, vol. 70, no. 2, 1980, p. 25; Adam Przeworski, "Social Democracy as Historical Phenomenon," *New Left Review*, no. 122, S1, July–August 1980, pp. 56–8。

21 Oskar Lange and Fred M. Taylor, *On the Economic Theory of Socialism*, University of Minnesota Press, 1938, pp. 119–120. Lange 建议，社会主义者可以通过提出"劳工计划"（labor plan）以"解决失业问题"，

从而在政治上获益。但他同时也警告称,"由于企业和银行拥有强大的经济实力,公共规划部门也可能将会被其掌控,而非反之"。参见 pp. 119, 127–129。

22 感谢罗伯特·布伦纳(Robert Brenner)对本节文字所做出的有益评论。

23 参见 Philippe van Parijs and Yannick Vanderborght, *Basic Income: A Radical Proposal for a Free Society and a Sane Economy*, Harvard University Press, 2017, p. 8; Guy Standing, *Basic Income: A Guide for the Open-Minded*, Yale University Press, 2017。对此提议进行的探讨,参见 Erik Brynjolfsson and Andrew McAfee, *The Second Machine Age: Work, Progress, and Prosperity in a Time of Brilliant Technologies*, W.W. Norton, 2014, pp. 232–41; Ford, *Rise of the Robots*, pp. 257–9; Stern, *Raising the Floor*, pp. 171–222; 以及 Yang, *War on Normal People*, pp. 165–74。

24 Ishaan Tharoor, "The pandemic strengthens the case for universal basic income," *Washington Post*, April 9, 2020; Sam Meredith, "The coronavirus crisis could pave the way to universal basic income," *CNBC*, April 16, 2020; Craig Paton, "Coronavirus in Scotland: Nicola Sturgeon eyes plans for universal basic income," *The Times*, May 5, 2020。

25 参见 James Ferguson, *Give a Man a Fish: Reflections on the New Politics of Distribution*, Duke University Press, 2015。

26 van Parijs 和 Vanderborght 令人错愕地提出了一个排斥性的基本收入方案,以此作为改革的起点。参见上书,pp. 220–4。

27 Dyer-Witheford 在其著作中对此予以了认同,参见 Nick Dyer-Witheford, *Cyber-Proletariat: Global Labour in the Digital Vortex*, Pluto, 2015, pp. 185–6; Nick Srnicek and Alex Williams, *Inventing*

the Future: Postcapitalism and a World without Work, Verso, 2015, p. 127; Annie Lowrey, *Give People Money: How UBI Would End Poverty, Revolutionize Work, and Remake the World*, Crown, 2018, p. 130。

28 对 Thomas Paine 所著 *Agrarian Justice* (1797) 的论述，参见 Philippe van Parijs and Yannick Vanderborght, *Basic Income*, pp.70–2。

29 Milton Friedman, *Capitalism and Freedom*, University of Chicago Press, 1962, pp. 191–5; Friedrich Hayek, *Law, Legislation, and Liberty*, vol. 3, University of Chicago Press, 1979, pp. 54–5。

30 有关新自由主义作为一种旨在构建市场，而非解放市场的理论，参见 Pierre Dardot and Christian Laval, *The New Way of the World: On Neoliberal Society*, Verso, 2013; Quinn Slobodian, *Globalists: The End of Empire and the Birth of Neoliberalism*, Harvard University Press, 2018。

31 Charles Murray, *In Our Hands: A Plan to Replace the Welfare State*, AEI, 2016, pp. 11–15; *Coming Apart*, Crown, 2012。有关默里的思想轨迹，参见 Quinn Slobodian and Stuart Schrader, "The White Man, Unburdened," *Baffler*, no. 40, July 2018。颇为引人注目的是，很多全民基本收入的支持者都受到了默里著作的影响。参见 Brynjolfsson and McAfee, *Second Machine Age*, pp. 234–7; Ford, *Rise of the Robots*, pp. 262–3; West, *Future of Work*, pp. 99–100; 以及 Lowrey, *Give People Money*, pp. 128–30。Andy Stern 讲述了默里和马丁·路德·金之间的一场虚构的对话：*Raising the Floor*, pp. 202–3。

32 Murray, *In Our Hands*, p. xi. 亦见 van Parijs and Vanderborght, *Basic Income*, p. 5, Lowrey, *Give People Money*, pp. 25–6。

33 Murray, *In Our Hands*, pp. 60–8, 81–90。

34 Murray, *In Our Hands*, p. 7. 有关收入充分论与收入平等论之间鸿沟的敏锐分析，参见 Samuel Moyn, *Not Enough: Human Rights in an Unequal World*, Harvard University Press, 2018。

35 Philippe van Parijs and Yannick Vanderborght, *Basic Income*, p. 214。

36 参见上书, pp. 127–8; Erik Olin Wright, *How to be an Anti-Capitalist in the 21st Century*, Verso, 2019, pp. 74–5; 以及 Srnicek and Williams, *Inventing the Future*, pp. 117–23。在此之前，这一观点的一个版本颇具影响，参见 Stanley Aronowitz et al., "The Post-work Manifesto" 辑录于 Stanley Aronowitz and Jonathan Cutler, eds., *Post-work: The Wages of Cybernation*, Routledge, 1998。

37 参见 Philippe van Parijs and Yannick Vanderborght, *Basic Income*, pp. 11–12, 214, 220–4, 127–8。支持自愿社团、反对官僚主义也是议会共产主义（council communist）和无政府工团主义（anarcho-syndicalist）政治的固定内容。参见 Immanuel Ness and Dario Azzellini, *Ours to Master and to Own: Workers' Control from the Commune to the Present*, Haymarket, 2011。

38 Srnicek and Williams, *Inventing the Future*, pp. 107–27。

39 参见上书, pp. 117–23. 亦见 Robert J. van der Veen and Philippe van Parijs, "A Capitalist Road to Communism," *Theory and Society*, vol. 15, no. 5, 1986; and Peter Frase, *Four Futures: Life after Capitalism*, Verso, 2016, pp. 54–8。

40 Keynes, "Economic Possibilities," pp. 366–7; West, *Future of Work*, pp. 83–8. 亦见 Manu Saadia, *Trekonomics: The Economics of Star Trek*, Inkshares, 2016; 以及 Iain M. Banks 的 *Culture* 系列作品。"全自动化奢华共产主义"模因的流行反映了这一颇具吸引力的愿景。

41 Alyssa Battistoni, "Alive in the Sunshine," *Jacobin*, January 12, 2014;

van Parijs and Vanderborght, *Basic Income*, pp. 227–30。

42 参见 Elizabeth Anderson, *Private Government: How Employers Rule Our Lives (and Why We Don't Talk about It)*, Princeton University Press, 2017。

43 Katherine Hobson, "Feeling Lonely? Too Much Time on Social Media May Be Why," NPR, March 6, 2017. 亦见 Brian Primack et al., "Social Media Use and Perceived Social Isolation among Young Adults in the US," *American Journal of Preventative Medicine*, vol. 53, no. 1, 2017。

44 参见 Sareeta Amrute, "Automation Won't Keep Front-Line Workers Safe," *Slate*, April 9, 2020。

45 与此同时，自动化理论家们不可能考虑从资本家们手中夺取对投资的控制权，因为在他们看来，其计划仍需倚赖数字技术领域的私人投资。

46 Karl Marx, "Economic and Philosophical Manuscripts (1844)" 辑录于 Karl Marx, *Early Writings*, Penguin Classics, 1992, p. 327。

47 参见 Bertram Silverman, "The Rise and Fall of the Swedish Model: Interview with Rudolf Meidner," *Challenge*, vol. 41, no. 1, 1998。

48 参见 Geoff Eley, *Forging Democracy: The History of the Left in Europe, 1850—2000*, Oxford University Press, 2002, 尤其是其中第 10 章和第 17 章，探讨了在第一次世界大战后的德国和意大利以及在两战之间的法国，工人政党和工会并未能够趁热打铁。

第 6 章 必要与自由

1 Bertolt Brecht, "To Those Born After," 收录于 *The Collected Poems of*

Bertolt Brecht, Liveright 2018, p. 736.

2 有关实际现存福利国家的局限性（如其主要辩护者所言），参见 Gøsta Esping-Andersen, *The Three Worlds of Welfare Capitalism*, Princeton University Press, 1990, pp. 9–34.

3 这句口号被醒目地印制在了 Srnicek and Williams 所撰的 *Inventing the Future* 一书的封面上。

4 参见 Martin Ford, *Rise of the Robots: Technology and the Threat of a Jobless Future*, Basic Books, 2015, pp. 246–8; Andrew Yang, *The War on Normal People: The Truth about America's Disappearing Jobs and Why Universal Basic Income Is Our Future*, Hachette, 2018, p. xvii; and Peter Frase, *Four Futures: Life after Capitalism*, Verso, 2016, pp. 48–9. For an extended discussion, see Manu Saadia, *Trekonomics: The Economics of Star Trek*, Inkshares, 2016, pp. 65–86. 这一设想的灵感可能源自于苏联时代。赫鲁晓夫在1961年提出二十年实现共产主义；在此号召之下，科幻小说作家斯特鲁伽茨基兄弟二人撰写了一系列令人叫绝的短篇小说，题为 *Noon: 22nd Century* (Macmillan, 1978 [1961])，作品描绘了未来共产主义时代的太空探索；连同他们后来的小说 *Hard to Be a God* (Eyre Methuen, 1975 [1964])，他们所构想的共产主义者星际遨游的未来世界或许为首度发布于1987年的《星际迷航》以及班克斯的"文化"系列作品提供了一个模型。

5 Thomas More, *Utopia,* 2nd ed., Yale University Press, 2014, pp. 47, 132。

6 哈蒙德在1858年提出了"墙槛理论"，声称有必要让奴隶们从事于辛苦劳作，这样一来其他社会成员便能够免于承担这些脏苦不堪的活计。参见 Elizabeth Anderson, *Private Government*, Princeton University Press, 2017, pp. 30–1. 亦见 W. E. B. Du Bois, *Darkwater:*

Voices from within the Veil, Dover, 1999 [1920], p. 69。

7 参见 More, *Utopia*, pp. 60–72; Étienne Cabet, *Travels in Icaria*, Syracuse University Press, 2003 [1840], pp. 80–9; Karl Marx, *Grundrisse: Foundations of a Critique of Political Economy*, Penguin, 1993, pp. 707–12; Karl Marx, *Capital*, vol. 3, Penguin, 1991, pp. 958–9; 以及 Peter Kropotkin, *The Conquest of Bread*, Cambridge University Press, 2015, pp. 99–112. 一般性的讨论（但不包括卡贝和克鲁泡特金）可见 Edward Granter, *Critical Theory and the End of Work*, Ashgate, 2009, esp. pp. 31–67. 笔者暂且忽视夏尔·傅立叶、威廉·莫里斯和赫伯特·马尔库塞等思想家的主要观点，即通过将所有工作转化为游戏，从而打破领域的边界；在我看来，后稀缺世界的单一领域概念是毫无希望的极权主义式乌托邦（此处取其贬义）。

8 引述于 Marx, *Capital*, vol. 1, p. 532。亦见 William Booth, "The New Household Economy," *American Political Science Review*, vol. 85, no. 1, March 1991, pp. 59–75; 以及 Claudio Katz, "The Socialist Polis: Antiquity and Socialism in Marx's Thought," *Review of Politics*, vol. 56, no. 2, 1994, pp. 237–60。

9 More, *Utopia*, pp. 75–9（有关奴隶的"金锁链"）；117（有关早期基督教徒）；47（有关废除货币和私有财产）；19–25（有关圈地）；66（有关自由）。马克思在《资本论》一书中间接地提及了莫尔的"金锁链"。参见 Marx, *Capital*, vol. 1, p. 769. 有关马克思承袭莫尔观点的论述，参见 William Morris, "Foreword to Thomas More's Utopia" [1893]，辑录于 William Morris, *News from Nowhere and Other Writings*, Penguin Classics, 1993, pp. 371–5。

10 参见 Robert Sutton, "Introduction," in Cabet, Travels in Icaria, p. x。

11 参见 David Gregory, "Karl Marx's and Friedrich Engels' Knowledge of French Socialism in 1842—43," *Historical Reflections*, vol. 10, no. 1, Spring 1983, pp. 143–93; 以及 Bruno Liepold, "Citizen Marx: The Relationship between Karl Marx and Republicanism," PhD Diss., University of Oxford, 2017。

12 Frank Manuel and Fritzie Manuel, *Utopian Thought in the Western World*, Harvard University Press, 1979, p. 712。

13 参见 Paul Corcoran, ed., Before Marx: Socialism and Communism in France, Macmillan, 1983。马克思对两种相互关联的思想趋势提出了质疑，这些思想趋势本有可能导致他在政治理论发展过程迷失方向。一方面，同时代的自动化理论家埃兹勒、乌尔和巴伯格宣称，机器对人力劳动的取代使得必要劳动的废除成为可能，并可能由此创造一个人人享有完全自由的世界——这是马克思反对的立场。另一方面，在傅立叶主义者构想的后资本主义社会中，工作可以转化为游戏，从而将必要领域纳入自由领域。马克思驳斥了这一社群主义立场，并提出了与傅立叶相反的观点；他认为必要劳动可被置于集体的治理和控制之下，但无法转化为游戏。马克思认为自由领域和必要领域应当分离，这一观点使他成为了一名莫尔主义者。

14 参见 Karl Marx and V. I. Lenin, The Civil War in France: The Paris Commune, International Publishers, 1989 [1871]; 以及 Raya Dunayevskaya, Marxism and Freedom, Humanity Books, 2000, pp. 92–102。

15 Kristin Ross, Communal Luxury: The Political Imaginary of the Paris Commune, Verso, 2015, pp. 91–116。

16 参见 Otto Neurath, "Through War Economy to Economy in Kind", 辑录于 Marie Neurath and Robert Cohen, eds., Otto Neurath: Empiricism and

Sociology, D. Reidel Publishing, 1973; Du Bois, Darkwater, pp. 56–9, 69; John Dewey, Liberalism and Social Action, Prometheus, 2000 [1935], pp. 37–60; Karl Polanyi, The Great Transformation, Beacon, 2001 [1944], pp. 257–68. 亦见 Marcel van der Linden, "The Prehistory of Post-Scarcity Anarchism: Josef Weber and the Movement for a Democracy of Content (1947—1964)," Anarchist Studies, no. 9, 2001, pp. 127–45。路德维希·冯·米塞斯（Ludwig von Mises）于1920年发起了社会主义经济核算论战。在米塞斯看来，社会主义无法为生产方式的选择提供一个理性的基础，特别是当商品生产活动本身又是其他生产过程的投入的时候，情况更是如此。

17 Edward Bellamy, *Looking Backward, 2000—1887*, Oxford, 2007 [1888], pp. 39–44。

18 "让一些人无需再长年从事于垃圾收集，将远比工作轮换更有意义：它意味着垃圾产生和处理的过程与逻辑的改变"（Putting an end to garbage collection as a job some have to do for years, will be a lot more than job rotation: it will imply changes in the process and logic of garbage *creation* and disposal）; Gilles Dauvé, *Eclipse and Re-Emergence of the Communist Movement*, PM Press, 2015, p. 54.

19 Ross的《公社奢华》让人联想到一种无需实现"完全自动化"的"奢华社会主义"。

20 参见James Klagge, "Marx's Realms of Freedom and Necessity," *Canadian Journal of Philosophy*, vol. 16, no. 4, 1986, pp. 769–78。

21 More, *Utopia*, pp. 67–8. 亦见 Kropotkin, *Conquest of Bread*, pp. 58–63。

22 James Boggs, "The American Revolution" (1963), 辑录于 Stephen Ward, ed., *Pages from a Black Radical's Notebook: A James Boggs Reader*,

Wayne State University Press, 2011, p. 110。

23 More, *Utopia*, p. 130。

24 有关这一点,请参见Martin Hägglund所撰 *This Life: Secular Faith and Spiritual Freedom*(Pantheon, 2019)一书的第二部分,尤其是第221-37页301-25页。Hägglund在书中论述了必要领域和自由领域在民主社会主义中的地位,其观点同笔者对它们在后稀缺世界地位的阐释颇为相似。

25 Saadia, *Trekonomics,* p. 40。

26 Kropotkin, *Conquest of Bread*, pp. 138–9。

27 Daniel Pink, *Drive: The Surprising Truth about What Motivates Us*, Riverhead, 2009。

28 参见John O'Neill, *The Market: Ethics, Knowledge, and Politics*, Routledge, 1998; Daniel Saros, *Information Technology and Socialist Construction*, Routledge, 2014; 以及 Evgeny Morozov, "Digital Socialism?," *New Left Review* 116/117, S2, March–June 2019. 感谢Björn Westergard给予的慷慨协助,帮助我理解了这些问题并为我探索潜在的解决方案指明了方向。参见Björn Westergard, "Review: *People's Republic of Walmart*," *The Machinery Question*, August 28, 2019, 此文可见于machineryquesiton.com。

29 就此意义而言,"平等能够实现个人主义,而非弱化个人主义"(equality enables—rather than detracts from—individualism): Ross, *Communal Luxury*, p. 108。亦见 More, *Utopia*, pp. 61–2; Marx, *Grundrisse*, pp. 711–12; Marx, *Capital,* vol. 1, pp. 532–3; and Kropotkin, *Conquest of Bread*, pp. 99–112。

30 Theodor Adorno, *Minima Moralia: Reflections from Damaged Life*,

Verso, 2005, p. 157。

31 在没有稀缺的世界，人们有机会摆脱压迫、重归自由。"如果我在一个地方遭受折磨，谁会阻止我前往其他地方？"(If I am tormented in one place, who will keep me from going someplace else?) J.J. Rousseau, *The Discourses and Other Early Political Writings*, Cambridge University Press, 1997, p. 158。亦见 Cory Doctorow, *Walkaway*, Tor, 2017。

32 参见 Stanley Aronowitz et al., "The Post-Work Manifesto," 辑录于 Stanley Aronowitz and Jonathan Cutler, eds., *Post-Work: The Wages of Cybernation*, London 1998。

33 Saadia, *Trekonomics*, p. 61。

34 Michael Lebowitz, *The Socialist Alternative: Real Human Development*, Monthly Review, 2010, pp. 31–45。

35 有关稀缺条件下的乌托邦的阐释，参见 Ursula K. Le Guin, *The Dispossessed: An Ambiguous Utopia*, HarperCollins, 1994, 以及 Fredric Jameson 对 Le Guin 小说作品中"世界简化"（world reduction）的评论，参见 *Archeologies of the Future: The Desire Called Utopia and Other Science Fictions*, Verso, 2007, pp. 267–80. 亦见 Frase, *Four Futures*, pp. 91–119。

36 全民基本收入理论家们中的大多数人最终承认了这一点。可参见 Philippe van Parijs and Yannick Vanderborght, *Basic Income: A Radical Proposal for a Free Society and a Sane Economy*, Harvard University Press, 2017, p. 246。

后记

1. Robert J. van der Veen and Philippe van Parijs, "A Capitalist Road to Communism," Theory and Society, vol. 15, no. 5, 1986, pp. 652–3; Nick Srnicek and Alex Williams, *Inventing the Future: Postcapitalism and a World without Work*, Verso, 2015, pp. 9–13. 较为温和的自动化理论家们不仅对社会斗争颇为轻蔑，还对其抱有敌意。杨安泽声称，在今天，唯一可行的斗争形态是"脱胎于种族和身份、以自动化驱动的经济因素为基本力量的斗争"。他提出了一种颇为可怕的构想：遭到技术淘汰的卡车司机们组织起来对道路进行封锁，此举随后引发了大规模的枪击事件、反税暴动、反犹视频的大肆传播，以及倡导回归种族国家之下简单生活的族群民族主义政党的崛起。参见 Andrew Yang, *The War on Normal People: The Truth about America's Disappearing Jobs and Why Universal Basic Income Is Our Future*, Hachette, 2018, pp. 158–9。

2. Wolfgang Streeck, "How Will Capitalism End?," *New Left Review*, no. 87, S2, May–June 2014, p. 48。

3. 一些文本对这些运动进行了整体评估，可见 Paul Mason, *Why It's Still Kicking Off Everywhere: The New Global Revolutions*, Verso, 2013; Manuel Castells, *Networks of Outrage and Hope: Social Movements in the Internet Age*, 2nd ed., Wiley, 2015; Endnotes, "The Holding Pattern," Endnotes, no. 3, 2013; and Göran Therborn, "New Masses?," New Left Review, no. 85, S2, Jan.–Feb. 2014. On the 2019 wave, see Jack Shenker, "This Wave of Global Protest Is Being Led by the Children of the Financial Crash,"

Guardian, October 29, 2019 and Robin Wright, "The Story of 2019: Protests in Every Corner of the Globe," *New Yorker*, December 31, 2019。

4　Paul Mason, *Postcapitalism: A Guide to Our Future,* FSG, 2015, p. 29。

5　参见 Gay Seidman, *Manufacturing Militance: Workers' Movements in Brazil and South Africa*, 1970—1985, UC Press, 1994。

6　可见 Kim Moody, *On New Terrain: How Capital Is Reshaping the Battleground of Class War*, Haymarket, 2017。

7　参见 Federico Rossi, *The Poor's Struggle for Political Incorporation: The Piquetero Movement in Argentina,* Cambridge University Press, 2017。

附录

怎样制造一支铅笔

亚伦·贝纳纳夫

资本主义已经终结,如果你希望如此。

社会主义经济会是怎样的?这个问题的答案各不相同,但其中多数都同"规划"相关。资本主义经济的组织模式是价格和市场之间的互动。相较而言,社会主义经济,借用马克思的话说,则"处于人的有意识有计划的控制之下"。但是,这样的计划是怎样制定的?它又是如何实施的?围绕于此,社会主义者们在过去的半个多世纪展开了激烈的争论。

一方阵营特别强调了计算机的重要性。这些"数字社会主义者"将计算机视为推动计划经济正常运转的关键。他们注重的是算法,他们想通过软件来收集有关消费者偏好和工业产能的信息(如同一台巨大的过滤机器,将数据传送进研磨机)并通过软件计算出资源配置的最优方案。

多年来,人们沿着这些思路开展了若干项试验。20 世纪 60 年代,苏联数学家格卢什科夫曾建议构建一个全国性的计算机网络,从而辅助规划者进行资源分配。20 世纪 70 年代,在英国控制论专家斯塔福德·比尔(Stafford Beer)的帮助下,智利萨尔瓦多·阿连德政府也尝试了类似模式,推出了"协同控制工程"(Cybersyn Project)。但这两个项目均未取得重大进展。格卢什科夫的构想遭到了来自于苏联领导层的阻力,而"协同控制工程"则因皮诺切特政变导致其尚未完全实施便已宣告结束。但是,这一梦想并未就此破灭。

如今,数字社会主义(digital socialism)所能完成的事情显然远远多于此前任何时代。互联网几乎可以在转瞬之间便能将来自世界各地的大量信息传输到规划系统当中。计算机处理能力的巨大飞跃使其能够快速地处理这些数据。同时,机器学习和其他形式的人工智能可以对其加以筛选,从而发现新型模式并适当调整资源分配。利·菲利普斯(Leigh Phillips)和米哈尔·罗兹沃斯基(Michal Rozworski)在《沃尔玛人民共和国》(*The People's Republic of Walmart*)一书中表示,沃尔玛和亚马逊这样的大型企业已将这些数字工具应用于内部规划——现在只需对其加以调整,便可为社会主义所用。

尽管这些数字工具的确可能实现人的解放,但它们远不足以承担后资本主义世界生产规划的任务。数字社会主义对算法的注重会造成一个严重的问题,可能会导致未来社会主义的社会决策过程仅注重狭隘的优化：以最少的资源投入实现尽可能多的产出。如果长此以往，我们就会忽视、摒弃大量的定性信息，而这些信息对于社会主义社会诸多目标的实现仍然颇为重要。

毕竟，未来的社会所需要做的不仅仅是用最少的资源实现尽可能多的产出。这些社会还有其他更加难以量化的目标，如解决正义、公平、工作质量和可持续性等问题，而这些问题的处理不仅仅只是进行优化那么简单。这意味着，无论规划算法的效力会有多么巨大，规划决策仍会存在一个无可削减的政治维度。因此，无论算法多么智能，其计算结果都只能充当可怜的替代品。对于任何社会主义规划项目而言，算法都必不可少，因为它们可以帮助我们明确有哪些选项可供选择。但最终作出选择的必须是人，而不是计算机。他们还必须依据商定的程序共同决策。

在这个时候，规划协议便可派上用场。它们能够明确决策规则，从而简化决策过程。通过与算法的共同部署，协议可将一系列需要考量的因素（不仅仅限于可优化计算机程序的因素）纳入规划过程。可以说，算法和协议之间存在着分工协作：前者摒弃无关或重复的选项，明确了哪些事项需要交由后者进行决策。

通过应用算法和协议，人们可以通过计算机进行生产规划，从而将他们的实践知识、价值观、目的和目标融入生产决策。这一做法将会催生一种资本主义和苏式社会主义都无法生成的生产模式：一种真正人性化的生产模式。

附 录

合理的价格

任何尝试于社会主义规划的严肃探索者都必须面对"社会主义经济核算论战"所提出的问题,这场长达数十年之久的争论影响了几代共产主义者对后资本主义未来的构想。1920 年,奥地利右翼经济学家路德维希·冯·米塞斯(Ludwig von Mises)发表了《社会主义联合体的经济核算》(*Economic Calculation in the Socialist Commonwealth*),拉开了这场辩论的序幕,该文对社会主义规划的可行性展开了全方位的攻击。

在彼时,这不单单是一个理论问题。革命运动不仅在俄国和德国早已开展,在意大利等国,情况也几近于此。社会主义者们声称,只要能够摆脱资本家的束缚,他们便能够运用现代机器构建出一种新型的社会——一个不是以利润为导向,而是以人的需求为导向的社会。在这个社会当中,人人都能获得生活所需要的商品和服务,与此同时,他们只需投入更少的劳动。

米塞斯认为,社会主义者们的这两种说法都是错误的。与之相反,他认为,在社会主义社会中,人们工作的时间更长,而劳动的所得却更少。这是因为在他看来,现代经济的效率与其市场组织模式密不可分——现代经济中存在着相关的货币和私有财产制度。一旦摆脱这些制度,在资本主义时代发展起来的技术将会在根本上失去价值,从而迫使社会倒退回技术相对落后的状态。

我们可以通过铅笔的制造这一简单的例子来阐释米塞斯的观点。铅笔制造厂的管理者需要作出很多生产决策，因为铅笔部件的制造方式多种多样。铅笔的生产需要用到各种各样的"中间产品"——各类石墨、木材、油漆以及其他用物料。那么，如果想要生产铅笔这一"最终产品"，铅笔厂商会怎样进行决策？

在资本主义社会，管理者首先会查看价格目录，他发现，A 石墨的价格为每磅 35 美分，而 B 石墨则为每磅 37 美分。如果两者都能满足生产要求，那么他会选择哪家就不言而喻了。管理者可以针对所有相关投入进行同样的价格测试，从而迅速、准确地确定制造铅笔的最合理方式。至于所有的社会活动如何累积叠加形成经济体系，他并不需要了解。

价格的存在让铅笔厂商得以迅速地将能产出可用铅笔的无数生产程序排除在外，但其代价是浪费了其他地方更好的自然资源或劳动力资源。如果能够获得数吨上好的可可波罗木或奥萨奇橙木，制笔商无疑能够生产出高质量的铅笔产品。但如果其他树种（例如并不起眼的雪松）也能提供同样可用的木材，那么，使用上好的木材也会是一种浪费。

当然，制笔商用于进行生产决策的价格并非仅仅是一串串随机的数字，而是一个鲜活的市场社会的表现，这一社会的特点在于决策的去中心化，当中涉及众多的生产者和消费者。在市场的压力之下，所有生产企业都会为产品制定合理的价格。例如，一家企业能够应用新的技术，在不牺牲质量的前提下降低铅笔生产成本，那么这家企业也会由此获得可观的利润。

在这一体系中，有关铅笔生产潜在模式的最新信息将会体现为铅笔价格的下降。每家厂商都会围绕生产什么、如何生产的问题进行理性决策，只是因为市场竞争会迫使各家厂商竭力追逐收入的最大化以及成本的最小化。所有这些依赖市场的制造商都会尽其所能地获取信息、进行决策、冒险探索新的生产模式并追逐相应的资金回报。米塞斯认为，社会主义规划者无法再度构建这样的一个复杂系统，因为他们所掌握的信息无法同市场参与者通过价格机制获取的信息相提并论。

归根结底，生产者能够通过价格信息来确定哪些潜在生产模式可能带来利润。米塞斯认为，如果没有价格的存在，便无法实现资产的合理分配。

严重错误

米塞斯有关资本主义的阐释最引人注目之处在于其高度算法化的特点。在他的描述中，铅笔厂管理者们的行为如同于计算机程序的运行，他们会收集有关中间投入的价格信息，并遵循着一条简单的规则，即在不延长生产时间或在不会抑减需求的前提下，为各项投入选取最为低价的方案。

针对于米塞斯的质疑，很多社会主义者的回应都接受了他所提出的基本前提，并在此基础上尝试于编写他们自己的算法。换句话说，他们想证明的是规划者们可以创造出价格体系的替代品，后者可以产生一定量的信息，足以确保社会主义社会能够作出正确的生产决策。

最早阐发这一观点的是波兰经济学家奥斯卡·兰格（Oskar Lange）和出生于俄国的英国经济学家阿巴·勒纳（Abba Lerner）。他们在20世纪30年代和40年代提出的构想认为，社会主义规划者们可以通过试错的方法逐步"感知"合理的价格。例如，规划者们可以设定铅笔制造所需的某种中间产品的价格，然后根据需要对其进行调整，直至最终产品的供应能够满足消费者的需求。一系列近似值会不断接近实际结果，就如同计算机通过一连串的高精度加减运算来计算圆周率的数值一样。

在兰格和勒纳提笔撰写这些著述之时，现代数字计算技术尚未出现。但随着计算机的问世，晚年的兰格探讨了这样一种可能性：对于此类价格猜测工作，计算机远比人类更加擅长。当代的数字社会主义者们沿承了这一思路。他们认为，应用数学的发展证明了我们完全可以摒弃价格体系并通过先进的编程形式计算出资源的最佳分配方式。

毕竟，我们已经具备了前所未有的丰富数据以及前所未有的处理能力，足以对这些数据进行计算处理。沃尔玛和亚马逊等大型企业已经通过先进的算法对这些数据进行计算处理，并将此应用于内部的运营规划。那么，算法社会主义（algorithmic socialism）的希冀是否能够成为现实？

不会那么快。算法社会主义的倡导者们误解了米塞斯在社会主义经济核算论战中的论点，故而未能对其批评予以恰如其分的回应。对于米塞斯而言，挑战在于如何将中间产品分配给最终产品的生产者。但这并不是沃尔玛和亚马逊等公司要做的事情。原因很简单,这些公司所从事的是商品分销,而不是商品制造。而亚马逊和沃尔玛的各家铅笔供应商仍需依赖于市场信号来确定制造产品的最佳方式。

正如米塞斯的门生弗里德里希·哈耶克(Friedrich Hayek)后来所强调的那样,经济体系并不是一组等待破解的方程式——无论是通过资本主义价格体系予以解答,还是借助社会主义计算机完成此任。它更应当被视为一个由个体动机各不相同的决策者所组成的网络,他们在依据信息进行决策的过程中同时会形成信息。即便是在一个高度数字介导的资本主义经济体系当中,这些决策的协调仍需借助于市场竞争。任何替代体系的存续发展仍需要人来直接参与生产决策,但会采取一种不同的协调方式。

正如哈耶克所观察到的那样,企业的经营需要管理者拥有实践推理能力,而这种能力来自于多年经验的积累。如想借助规划算法来完成铅笔厂管理者的工作,那么算法应获知的信息不仅包括铅笔生产所需各类石墨的供需情况,还应包括在特定生产地点使用特定机器和劳动力的情况下,选择一种石墨而放弃另一种究竟将会产生怎样的结果。人们可能会将所有这些知识予以确立,使之成为计算机可以执行的明确规则。但是,如果想要在所有行业领域、所有工作场所阐明这些规则,则会面临难以想象的重重困难。

米塞斯和哈耶克都颇为正确地指出,决策过程中人的参与对于任何经济体系的运作都颇为重要。然而,他们的构想也对权力行使的主体设定了严格的限制。在资本主义体系下,管理者是生产的决策者,他们只占生产过程所涉及人数的一小部分,只要不存在法律强制或合同强制的情形,他们在进行决策的过程中并不需要咨询他人。

因此，管理者可在宽泛界定的限制范围内自由地追求经济化。如果他们的决策会导致某一小镇大量工人失去工作——例如将铅笔厂迁至劳动力成本更低的地区，那么在这种情况下，管理者并不需要向小镇居民进行解释。因此，为了确保市场能够发挥作用，决策权必须集中在少部分人手中。

然而，在社会主义社会，生产将会由全民所控制。决策权将会实现民主化，因此也必然会出现各类不同决策。人们一旦开始管理自己的劳动场所，他们很可能会推动各类变化，如改变工作条件或改变任务组织和任务分配的模式。效率（无论是以能源利用、资源消耗衡量，还是按劳动时间计算）仍会是一个问题，但它不再是唯一的问题。它只是众多问题中的其中一个。其他因素，如尊严、正义、社区、可持续性，也将会被纳入考量范围。

然而，想要将这些其他考量因素纳入到一个单项维度的优化算法中绝非易事，原因很简单：并没有一种可靠的方法能将其浓缩为一个单一的量化测度单位。即便是自然单位，如铁的吨数或青霉素的克数，也同样难堪此任。正义应该使用什么自然测度单位？正是由于这些限制的存在，全球最先进的计算机也无法确定正确的生产计划，原因在于不同的选择都植根于相互冲突的价值观以及对"好"的认知。换句话说，它们都是某种政治上的选择。

如果说社会主义规划具有纯粹的算法化特性，那么其决策执行的方式又类似于资本主义企业。它以不同的方式重申了资本主义的逻辑：重要的是从混乱的质化现实生活中提取相关的量化信息。但是，只有在这种混乱之中，我们才能找到社会主义的内容。

附 录

拟订规划协议

如何才能将更为繁杂的质性目标纳入规划过程，使其本身也成为努力的方向？想要解答这一问题，我们需要从维也纳学派哲学家奥托·纽拉特的著述中寻找答案。

1920年，米塞斯开始对计划体制展开全面抨击的时候，纽拉特也同样成为了批判的目标。在今天，纽拉特被人们视为总体规划的理论家——这一说法很容易让人们联想到社会工程师们坐在控制室里掌控着经济的运行。然而这同纽拉特的观点恰恰相反——纽拉特认为，社会主义经济必须具有高度的民主性，原因正是在于它不可能实现全面的算法化。

在纽拉特看来，价格体系的算法特性问题有待破解，而社会主义者们不应对其全盘接受。在资本主义经济体系中，管理者能够对成本效益作出明确的决定，原因就在于其决策过程可忽视所有的非经济成本，包括社区遭到摧毁、工人经济条件恶化、不可再生资源耗竭以及垃圾充斥世界。企业层面的理性经济决策相互叠加，最终又会形成一个愈加缺乏理性的社会。

那么，社会主义者需要做的不仅仅是优化效率，他们还需要探索如何将多种质性标准直接纳入他们的规划机制。社会主义者们面临的问题并非量化本身。他们或许还可以对诸多生产过程的相关标准进行量化，例如，构建用于测度可持续性和安全的相关指数。但是，将所有相关指标提炼为一个单一的测度单位则意味着各个目标之间需要存在一定程度的可公度性——而这正是社会主义者们需要克服的问题。

在资本主义社会，如果想要减少污染，则需要对每座工厂的污染排放量设定法律限制，在允许这些企业持续优化生产策略的同时，还会要求它们遵循新的限排政策。但此举又会促使铅笔厂想方设法规避这些限排措施，而如果这些企业找到了隐蔽排污的方法而不被发现，它们又会借此赚取可观利润。相比之下，社会主义社会则会将减少污染本身视为目标。它不仅会想方设法限制铅笔厂排污，还会积极改善环境，如提高空气质量、植树造林等。无论如何，这些措施的推行都不会意味着放弃对其他目标的追求。

如采取这一方法，那么所需要完成的事情将会远远不止单纯的优化那么简单。我们需要找到一种方法来对生活中所有质性问题和量性问题本身进行处理，而非尝试将其转化为一种可进行算法优化的统一测度标准。我们需要能够依据多项不可公度的标准进行规划决策，并在全社会范围内对这些决策加以协调。想要做到这一点，我们在进行集体决策时需要采取一套商定的程序——协议。

规划协议的设计方法多种多样。它可能会像全民投票一样简单，由大多数人来决定结果，也可采取类似于拍卖那样的复杂竞标程序。这一协议甚至可以采取游戏的形式，通过设计出一套规则来明确哪些人可以参与，每位玩家可以做什么，不同的结果会又对现实的分配产生怎样的影响。尽管这一过程存在着多种可能性，但其共同的主题在于，有必要精心地拟制规划协议，使得人们能够对各式标准加以权衡，在此基础上作出全面的决策。

纽拉特在 1925 年撰写的《经济计划与实物核算》(*Economic Plan and Calculation in Kind*)一文中，提出了一版规划协议——尽管他本人并未使用这一表达。在规划初期，规划专家们将"潜在"的"无数种经济计划"缩减为几宗"典型案例"。这些规划者们借助算法计算来确定人们必须决定的选项并将这些选项公之于众，以便进行直接比较。他们会采用多种标准来对各项计划方案进行评估，并选择出他们更为青睐的方案：听取意见，表达关切，然后进行投票。

纽拉特认为，此类过程将会催生某种理性。他表示，即便是在无法实现清晰、精确计算的情况下，我们仍然可以进行理性的决策。然而，这种理性将是一种实用化、政治化的理性，而不是全然算法化的理性。在就如何建构、控制和指导生产过程进行集体决策之前，人们有机会表达自己的关切和愿望。他们将会根据自身的意向劳动投入来平衡他们的意向消费水平。他们将依据生态可持续性和代际正义的价值观来考量住宅供暖和工作场所供电的能源需求。他们会决定将多少时间和资源投入于扩大生产或推动变革及把多少时间和资源投入于文化、体育和智力活动。

在纽拉特的模型当中，顶层集体决策将会向整个经济体系逐渐扩散，并在各行各业和各处劳动场所得到执行。但是这一过程是怎样运作的？地方的生产决策是如何作出的？如果出现冲突或矛盾应当如何处理？以在工厂生产铅笔来满足社会需求的工人为例，如果他们的要求同整个社会决策之间出现冲突或矛盾，那么这一问题应当怎样解决？

这些繁杂情形的存在表明，我们所需要的并不是一套全社会通用的协议，而是多套协议——多种能够促成人们共同决策的结构化沟通形式。在这其中，算法将会发挥重要的作用。这些协议将会形成哲学家约翰·奥尼尔（John O'Neill）所阐述的体系——"人们不假思索便会遵循并可减少显性判断范围的经验法则、标准程序、默认程序和制度安排"，并能够简化规划过程，从而避免永无休止的会议。与此同时，我们还需制定出一套规则将所有协议进行绑定并将其同算法融合，从而创造出一个以软件为基础的统一性规划体系——一个易于使用、结果透明、可供修改的规划体系。

毕竟，即便我们将质性目标纳入规划，我们也仍需解决社会主义经济核算的问题。生产者仍然需要确保他们所作决策的叠加将会形成一套合乎逻辑的生产计划。

自由结合的生产厂商

纽拉特所强调的民主决策颇为重要。但他所提出的协议观点又衍生出了更多问题，连他本人也无法完全解答，更何况当时的技术又颇为有限。在他人生的最后阶段，纽拉特花费了数年时间尝试着探索如何通过所谓"同型图"（isotype）的简单图形分布，从而将半文盲的农民和城市工人纳入规划协议当中。

在今天，教育在全球范围内已经得到广泛普及，而手机在偏远地区也已经颇为常见。因此，协议社会主义（protocol socialism）得以实现的可能性也与日俱增。但是，真正的民主决策绝不可能仅仅像社交媒体全民投票一样，只需在手机屏幕上划动指尖便可轻松完成——原因很简单，很多人并不具备大多数生产决策所必备的知识。

因此，通常而言，每项决策的参与者范围需要限定在其所能涉及并影响到的人群，只有涉及每个人利益的事项才会交由全社会成员进行决策。换句话说，协调活动主要应在协会内部和协会之间进行。这些协会的成员可能是生产者、消费者或其他有着共同身份、共同利益的群体。

纽拉特从自己所处时代的社会动员这一视角，隐隐约约看到了这一未来图景。第一次世界大战期间，一批又一批的工人投身于激进的民众运动，纷纷要求实现劳动场所民主化，包括美国的世界产业工人联合会（Industrial Workers of the World）、英国的车间工人代表运动（Shop Stewards Movement）、德国的议会主义者（councilists）以及西班牙、法国和意大利的无政府工团主义者们（anarcho-syndicalists）。在此过程中，这些组织普遍面临的问题在于，如何在工人控制的劳动场所中协调生产。理论家们往往过多地把目光投向市场价格或类似价格的劳动时间，试图从中寻找答案，以期能够发现类似后来出现的兰格-勒纳模型所勾勒的算法社会主义形态。

纽拉特希望理事会、行会和其他协会能够找到另外一条前进道路。特别是他推测这些组织也许可利用规划协议自行对各类"工作方式"直接加以比较（考虑到标准颇为繁多，无法"缩减为单一的测度单位"）并进行相互协作，助力实现全社会的目标。

今天的数字技术更容易催生这样的比较与合作。我们可以像经济学家丹尼尔·萨罗斯（Daniel Saros）的数字社会主义模式所设计的那样，通过算法向铅笔制造商协会分配代币或"积分"。该协会将这些代币或积分用于竞标石墨、木材和其他中间产品，从而寻找铅笔制造的最优方式。然后，铅笔制造商协会将会定期同其他石墨需求厂商协会进行会面，共同审视现有的分配模式、考量更为宏大的社会目标并对石墨分配协议进行相应的修订。借助于算法和协议，原本漫长而无休止的会议或许会变得更加可控，成为一种精简化的规划过程，并且它能够依据多项标准进行复杂调整。

无论从哪里开始入手，未来的社会主义者们首先可能会对整个生产体系进行调整。例如，在不会大幅降低生产能力的前提下，他们可能会着手于在五年时间内将工作周缩减10%。然后，工人协会和消费者协会将会考虑在所关注领域中，还有哪些提高生产率水平的方法可供选择。新的技术可能会提高铅笔制造厂的劳动生产率，但同时也会导致森林储积量的加速耗竭。与此同时，一种新型的医院组织模式开始出现，它可能会减少护士的工作投入，但代价却是降低了老年人照护服务的质量。在这些问题上，各家工人协会和消费者协会又会采取怎样的立场？

各个协会将对各项计划方案进行直接比较，从而提出建议并达成决定；他们会考量每一项可提升生产率的技术创新会对其成员所关心的其他问题（如可持续性和正义）造成怎样的影响。在某一截点上，委员会可能会将全社会的减工目标同实际成就进行比较，分析症结所在，从理论角度提出解决方案并相应调整激励措施，将某些类型的劳动放在优先的位置。

从这一角度来看，我们很容易就会发现，规划过程的完善并不是一个在算法仪表盘上按动按钮便可实现的过程。以人口搬迁、环境破坏为代价的生产革新也不会无时无刻地进行。相反，从各式各样的标准来审视，生产过程在逐步的调整之下都会变得更加趋于——这是纽拉特理论视角的理性，而非资本主义意义上的理性。人们将会自行提出自利性的改进方案，围绕于此展开辩论、并付诸实施。

相较工厂而言，这一套生产体系更近似于一片"食物森林"——一座栽植着食用植物的花园，这座花园被人们打理了数百年之久，设计它的目的在于满足人们在精神和物质层面的种种需求。它将连接过去和未来，跨越世世代代。它将成为人类的共同遗产，使得人类大众能够追随自己的意愿生活、工作。在这一人们彼此履行相互义务的领域之外，一个扩大的自由领域将逐步开辟空间，让所有人都能在不危及他人物质保障或个人自由的前提下投身于激进的探索试验。

铅笔厂商舞蹈俱乐部

数字技术将会用于辅助社会主义社会的建设，但需要对其所发挥的作用予以明确。我们不希望用软件来取代价格机制。即便社会主义社会实现再高的数字介导水平，它也无法忽视各层民主磋商的必要性。人类从来不会一味地遵循规则。他们的视野会超越于规则本身——有时是为了社会利益，有时则是为了个人所得，在更多的情况下，两者兼而有之。

与此同时，我们也需要接受这一事实：无休止的磋商令人生厌，并且注定失败。对于一个决策过程不再单单注重成本控制，而是会综合权衡多项标准的社会而言，其运行则必须借助于算法来明确所要作出的选择并通过协议来辅助构建决策的模式。我们不能依靠统一的单一机制来实现这一目的；我们需要的是多种机制。如果这些机制会导致不良结果或催生新的控制形式，则有必要通过开放式的辩论对这些机制加以调整。

我们在设计协议和算法的过程中，尤其需要牢记的一点是，这一社会转型过程的意义不仅仅在于让人们更好地工作，还在于让人们更少地工作。社会主义者们往往将工作视为人类自由的最高实现方式。而事实上，工作并不可能成为完全自由的活动。但是，在一个不再受资本主义增长要求束缚的世界当中，先进的技术能够大幅地减少个人的工作投入。有了更多自由的时间和空间，人人将能够在以工作为中心的身份之外发展自己的个性。

全世界的铅笔厂商将会自由地投身于范围更广的各式目标，无论是创办专项健身房或舞蹈俱乐部，还是加入剧团或者组建业余科学协会。只有确保了工作组织模式的公平与理性并阻止任何可能压制人类的力量再度出现，人们才可能在工作之外享受到丰富多彩的生活。我们不应坐而等待人工智能领域的突破为我们实现这一目标，而是应当在现在就开始着手于制定未来的协议。

本论文的问世离不开同比约恩·韦斯特加德（Björn Westergard）的交谈以及他所给予的支持。

原载于 *Logic*（2020 年 12 期）

附 录

How to Make a Pencil

by Aaron Benanav

Capitalism is over, if you want it.

What would a socialist economy look like? The answers to this question vary, but most of them involve planning. A capitalist economy is organized through the interaction of prices and markets. A socialist economy, by contrast, would be "consciously regulated ... in accordance with a settled plan," to borrow a line from Marx. But how would such a plan be made and implemented? This has been a matter of sharp debate among socialists for more than a century.

One camp has placed particular emphasis on computers. These "digital socialists" see computers as the key to running a planned economy. Their focus is on algorithms: they want to design software that can take in information on consumer preferences and industrial production capacities—like a gigantic sieve feeding into a data grinder—and output the optimal allocations of resources.

Over the years, there have been a number of experiments along these lines. In the 1960s, the Soviet mathematician Victor Glushkov proposed a nationwide computer network to help planners allocate resources. With the help of the English cybernetician Stafford Beer, Salvador Allende's administration in Chile tried something similar in the 1970s, called Cybersyn. Neither project got very far. Glushkov's idea ran into resistance from the Soviet leadership, while Pinochet's coup ended Cybersyn before it was fully implemented. However, the dream lives on.

Today, digital socialism could obviously do much more. The internet would make it possible to funnel large quantities of information from all over the world into planning systems, almost instantaneously. Gigantic leaps in computer power would make it possible to process all of this data rapidly. Meanwhile, machine learning and other forms of artificial intelligence could sift through it, to discover emergent patterns and adjust resource allocations appropriately. In *The People's Republic of Walmart*, Leigh Phillips and Michal Rozworski argue that large companies like Walmart and Amazon already use these digital tools for internal planning — and that they now need only be adapted for socialist use.

While there are certainly emancipatory potentials here, they are far from adequate to the task of planning production in a post-capitalist world. The digital socialist focus on algorithms presents a serious problem. It risks constraining the decision-making processes of a future socialist society to focus narrowly on *optimization*: producing as much as possible using the fewest resources. To travel down this road is to ignore and discard vast amounts of qualitative information, which remains crucial to achieving many of the ends and goals of a socialist society.

After all, the societies of the future will want to do more than just produce as much as possible using the fewest resources. They will have other goals, which are more difficult to quantify, such as wanting to address issues of justice, fairness, work quality, and sustainability — and these are not just matters of optimization. This means that, no matter how powerful the planning algorithm, there will remain an irreducibly political dimension to planning decisions — for which the algorithm's calculations, no matter how clever, can only serve as a poor substitute. Algorithms are essential for any socialist planning project because they can help clarify the options among which we can choose. But human beings, not computers, must ultimately be the ones to make these choices. And they must make them together, according to agreed-upon procedures.

This is where planning protocols come in. They streamline decision-making by clarifying the rules by which decisions are made. Deployed in concert with algorithms, protocols enable a range of considerations—besides those available to an optimization program—to enter into the planning process. We might say there is a division of labor between algorithms and protocols: the former discard irrelevant or duplicate options, clarifying the decisions to be made via the latter.

Putting both algorithms and protocols to work, people can plan production with computers in ways that allow their practical knowledge, as well as their values, ends, and aims, to become integral to production decisions. The result is something that neither capitalism nor Soviet socialism allowed: a truly human mode of production.

The Price Is Right

Any serious attempt at socialist planning has to reckon with the problems posed by the "socialist calculation debate," a decades-long argument that has influenced how generations of socialists have imagined a post-capitalist future. The rightwing Austrian economist Ludwig von Mises kicked off the debate in 1920 with "Economic Calculation in the Socialist Commonwealth," a full-frontal assault on the feasibility of socialist planning.

At the time, this wasn't just a theoretical question. The revolution was already well underway, not only in Russia, but also in Germany, and very nearly in Italy and other countries. Socialists claimed that, with the capitalists cast aside, they could use modern machinery to construct a new type of society, one oriented around human needs, rather than profit. Everybody would get access to the goods and services they needed, while working less.

Mises argued that socialists were wrong on both counts. Instead, people in a socialist society would work more hours and get less for it. That's because, in his view, the efficiency of modern economies was inextricably connected to their organization via the market, with its associated institutions of money and private property. Get rid of these institutions, and the technologies developed over the course of the capitalist era would become fundamentally worthless, forcing societies to regress to a less advanced technological state.

To illustrate Mises's point, let's take a simple example: the manufacture of a pencil. The manager of a pencil-making factory has to make many production decisions, because there are many ways to make a pencil out of its component parts. How does a pencil maker decide how to produce his "final good," the pencil, out of all the possible "intermediate goods," the various types of graphite, wood, paint, and other things that go into making it?

In a capitalist society, he begins by checking the price catalog, where he discovers that graphite A costs 35 cents per pound, while graphite B costs 37 cents. If either works, his choice is clear. This manager can perform the same price test for all the relevant inputs, in order to arrive, quickly and accurately, at the most rational way to make a pencil. He does not need to understand how all the activities of society add up to an overall economy.

Prices allow the pencil makers to quickly set aside numerous procedures for making pencils that would result in functioning pencils, but at the cost of squandering natural or labor resources better employed elsewhere. If given tons of the finest quality Cocobolo or Osage Orange lumber, the pencil makers could undoubtedly make good pencils. But this would be a waste if some other tree, like the humble cedar, provided lumber that worked just as well.

Of course, the prices that pencil makers use to make production decisions are not just random numbers. They are expressions of a living market society, characterized by decentralized decision-making, involving large numbers of producers and consumers. Markets place pressure on all producers to get prices right. If it proves possible, for example, to make pencils more cheaply without sacrificing quality by using a new technique, the firm that does so will earn a sizable profit. New information about pencil production possibilities will show up in the system as a lower pencil price.

Each producer can make rational decisions about what and how to produce, only because a struggle for market supremacy forces producers to maximize their revenues and minimize their costs. All of these market-dependent producers absorb information to the best of their abilities, make decisions, and take risks in search of new production possibilities and the corresponding monetary rewards. Socialist planners couldn't possibly reproduce such a complex system, Mises believed, because they would never have more information than market participants mediated through the price mechanism.

Ultimately, prices tell producers which production possibilities have any chance of turning a profit. Without prices, Mises argued, the rational allocation of assets becomes impossible.

Fatal Errors

What's striking about Mises' description of capitalism is that it is already highly algorithmic. In his account, the managers of the pencil factory behave like a computer program. They collect price information about intermediate inputs and then follow a simple rule: choose the cheapest option for each input that does not lengthen production time or lead to an unacceptable reduction in demand.

Many socialists responded to Mises's challenge by accepting his basic premise and then trying to write their own algorithm. In other words, they wanted to show that planners could create a substitute for the price system that could generate enough information to arrive at the correct production decisions for a socialist society.

The Polish economist Oskar Lange and the Russian-British economist Abba Lerner were the first to develop this idea. Their proposals, worked out over the course of the 1930s and 1940s, involved socialist planners "feeling" their way towards the right prices through trial and error. For example, planners might set the price of an intermediate good required to make a pencil, and then adjust that price as necessary, until the supply of the final good matched consumer demand. A series of approximations would get closer and closer to the true result, much like a computer calculating pi through a sequence of slight additions or subtractions.

When Lange and Lerner were writing, modern digital computing didn't exist. But at the end of Lange's life, as computers emerged, he discussed the possibility that they could perform this price-guessing work far better than humans. This line of thinking has been taken up by contemporary digital socialists, who point to developments in applied mathematics as evidence that we could do away with the price system, calculating optimal allocations of resources with advanced forms of programming instead.

After all, we have more data than ever before, as well as an unprecedented amount of processing power with which to perform computations on that data. Gigantic firms like Walmart and Amazon are already using advanced algorithms to put all this data to work to plan their internal operations. So, can the promise of algorithmic socialism finally be fulfilled?

Not so fast. Advocates of algorithmic socialism misunderstand Mises's position in the socialist calculation debate, and thus fail to respond adequately to his criticisms. For Mises, the challenge is how to allocate intermediate goods to producers of final goods. That's not something companies like Walmart and Amazon do, for the simple reason that these companies distribute goods rather than make them. The firms supplying pencils to Amazon and Walmart still rely on market signals to figure out the best way to make their product.

As Mises's student Friedrich Hayek later emphasized, an economy is not a set of equations waiting to be solved, either with a capitalist price system or a socialist computer. It is better understood as a network of decision-makers, each with their own motivation, using information to make decisions, and generating information in turn. Even in a highly digitally mediated capitalist economy, those decisions are coordinated through market competition. For any alternative system to be viable, human beings still need to be directly involved in making production decisions, but coordinated in a different way.

As Hayek observed, running a business involves practical reasoning, acquired through years of experience. To reproduce the work of the manager of a pencil factory, a planning algorithm would have to know not only about the supply and demand for each type of graphite used in pencil making, but also about the detailed implications of choosing one type of graphite over another in that particular production location, with its specific machines and workforce. It is possible that one could formalize all of this knowledge into explicit rules that a computer could execute. However, the difficulties involved in articulating such rules across all workplaces, in all sectors, are simply staggering.

Mises and Hayek were correct to observe that people's participation in decision-making will remain essential for any economy to function. Yet their vision also sets strict limits on who has the opportunity to exercise this agency. In capitalism, the people involved in making production decisions are managers. They represent only a small fraction of the total number of people involved in production, and they do not need to consult all of those other people when making decisions—except insofar as they are forced to do so by law or contract.

Managers are therefore free to pursue economization within broadly defined limits. If their decisions require that large numbers of workers in a particular town lose their jobs—because the pencil factory is being moved to a place with lower labor costs, for instance—then that is a decision the manager can make without answering to the townspeople. For the market to function, therefore, decision-making power must be concentrated in relatively few hands.

In a socialist society, however, the entire population would control production. Decision-making power would be democratized, and this would almost certainly lead to different kinds of decisions being made. Should people begin to run their own workplaces, they would likely decide to introduce all sorts of changes, such as those related to working conditions, for instance, or to how tasks are organized and assigned. Efficiency, whether calculated in terms of energy use, resource consumption, or labor time, would remain a concern, but it would no longer be the sole concern. It would simply be one of many. Other considerations—dignity, justice, community, sustainability—would also enter the picture.

These other considerations could not easily be absorbed into a one-dimensional optimization algorithm, however, for the simple reason that there is no reliable way to reduce them all to a single, quantitative unit of account. Even natural units, such as tons of iron or grams of penicillin, would prove inadequate. What is the natural unit of justice? Given these constraints, the most advanced computer on the planet still could not determine the correct production plan because the different choices are rooted in competing values and visions of the good—in other words, they are political choices.

If socialist planning is purely algorithmic, it executes decisions in a similar way to capitalist firms. It reiterates the logics of capitalism in a different register: what matters is the extraction of the relevant quantitative information from the mess of qualitative life. But it is only in this mess that the content of socialism can be found.

Crafting the Protocol

How can a greater variety of qualitative goals become part of the planning process, to be pursued for their own sake? To answer this question, we need to turn to the work of Viennese philosopher Otto Neurath.

Neurath was one of the original targets of Mises's 1920 broadside against planning. He is remembered today as the theorist of total planning—a phrase that incorrectly conjures the image of social engineers running the economy from a control room. Nothing could be further from Neurath's vision. On the contrary, Neurath argued that a socialist economy would have to be highly democratic—precisely because it could not be purely algorithmic.

For Neurath, the algorithmic character of the price system was a problem to be overcome, rather than something that socialists should try to replicate. In a capitalist economy, managers are able to make clear-cut decisions about cost-effectiveness only because they are allowed to ignore all of the non-economic costs of their decisions, which include destroying communities, immiserating workers, depleting non-renewable resources, and filling the world with garbage. Economically rational decisions at the level of the firm add up to an increasingly irrational society.

Instead of just optimizing for efficiency, then, socialists need to figure out how to incorporate multiple qualitative criteria directly into their planning mechanism. The issue socialists face is not quantification as such. They could probably quantify many of the criteria relevant to their production process—establishing indexes of sustainability and safety, for example. But to distill all such relevant indicators to one unit of account suggests a degree of commensurability between goals that is exactly what socialists would want to overcome.

A capitalist society that wants to reduce pollution needs to set legal limits on how much each factory can pollute, allowing those firms to continue to optimize their production strategies, but under new restrictions. That, in turn, creates incentives for pencil factories to get around those restrictions—and if they can figure out how to pollute without getting caught, those firms can make large profits. By contrast, a socialist society would want to take pollution reduction as a goal to be pursued for its own sake. It would look for ways not just to limit pollution at the pencil factory but to positively improve the environment—increasing air quality, planting trees, and so on—wherever doing so does not rule out the pursuit of other goals.

Such an approach requires far more than mere optimization. Rather than trying to convert all of the qualities and quantities of life into a unifying metric that can be algorithmically optimized, we need to find a way to deal with those qualities and quantities on their own terms. We need to be able to make planning decisions on the basis of multiple, incommensurable criteria, and to coordinate these decisions across society. To do this, we must have agreed-upon procedures for making such decisions collectively — protocols.

There are many ways to design a planning protocol. It could be as simple as a population-wide vote, with the majority deciding the outcome. Or it could take the form of a complex bidding procedure, like an auction. A protocol could even be a game, with a set of rules that specifies who can play, what actions each player can take, and what real-life allocations result from different outcomes. There are many possibilities, but the unifying theme is the need to to craft protocols that allow actual human beings to make holistic decisions that take a variety of criteria into account.

Neurath laid out his version of a planning protocol — a term that he did not himself use — in "Economic Plan and Calculation in Kind," an essay he wrote in 1925. Planning begins with expert planners reducing the "unlimited number of economic plans" that are "possible" down to a few "characteristic examples." These planners do the algorithmic calculations, which clarify the options among which people must decide. People are then presented with these options for direct comparison. They evaluate a few different plans across multiple criteria and decide which they prefer: listening to comments, voicing their concerns, and taking a vote.

Neurath believed that such a process would enable a particular kind of rationality to emerge. Even where it proves impossible to make clear and precise calculations, he argued, we can still decide rationally. However, the rationality we deploy will be a practical and political rather than purely algorithmic. People will have a chance to voice both their concerns and their desires, before arriving at collective decisions about how to shape, constrain, and direct the production process. They will balance how much they want to consume against how much they want to work. They will weigh their need for energy to heat their homes and power their workplaces against values of ecological sustainability and intergenerational justice. They will decide how much of their time and resources would be set aside for expanding or transforming production and how much for cultural, athletic, and intellectual activities.

In Neurath's model, decisions made collectively, at the highest level, would then filter down through the rest of the economy, to be implemented across various industries and workplaces. But how would that work exactly? How are local production decisions made? What happens if conflicts or collisions arise — for instance, between the decisions of society as a whole and the demands of workers in pencil factories, producing goods to meet society's needs?

These complexities suggest that what we need is not one society-wide protocol but many protocols — many structured forms of communication that enable people to reach decisions together. Algorithms would have an important role to play. They would codify what philosopher John O'Neill describes as "rules of thumb, standard procedures, default procedures, and institutional arrangements that can be followed unreflectively and which reduce the scope for explicit judgements," streamlining the planning process so it doesn't become an endless series of meetings. At the same time, we would need some set of rules for how to tie all of the protocols together, and to integrate them with the algorithms, in order to create a unified planning apparatus based on software that is easy to use, transparent in its outcomes, and open to modification.

After all, even if we incorporate qualitative goals into our planning, we still have to solve the socialist calculation problem. Producers still have to make decisions that add up into a coherent production plan.

Freely Associated Producers

Neurath's emphasis on democratic decision making was essential. But by proposing the idea of the protocol, he raised more questions than he could answer, especially with the limited technologies available to him at the time. Towards the end of his life, Neurath spent years trying to determine how semi-literate peasants and urban workers could be incorporated into a planning protocol, via the distribution of simple graphical representations that he called isotypes.

Today, literacy is widespread across the world, and cell phones are common even in remote areas. The possibilities for protocol socialism are correspondingly enlarged. However, true democratic decision-making about production cannot simply be a matter of a perpetual social-media plebiscite scrolling across one's phone screen—for the simple reason that many individuals lack the practical knowledge necessary for making most production decisions.

Participation in making each decision, therefore, generally needs to be limited to those involved in and affected by each decision being made, with only decisions that concern everybody being brought to society as a whole. Coordination should take place, in other words, mostly within and between associations. These associations might be composed of producers, consumers, or other groups of people with common identities and interests.

Neurath saw this future dimly, through the lens of the social mobilizations of his time. During World War I, masses of workers joined militant rank-and-file movements demanding workplace democracy, including the Industrial Workers of the World in the US, the Shop Stewards Movement in the UK, the councilists in Germany, and the anarcho-syndicalists in Spain, France, and Italy. An issue that arose in these organizations was how to coordinate production among worker-controlled workplaces. Too often, theorists turned to market prices or price-like labortime calculations for the answer, anticipating the later Lange-Lerner model of an algorithmic socialism.

Neurath hoped that councils, guilds, and other associations could find another way forward. In particular, he speculated that they might be able to use planning protocols to make their own direct comparisons between different "ways of working"—taking into account many and varied criteria that could not "be reduced to one single unit"—while collaborating with one another to help fulfill society-wide goals.

Today's digital technologies might make it easier for such comparisons and collaborations to occur. The association of pencil producers might be algorithmically assigned tokens or "points"—as in economist Daniel Saros's model of digital socialism—which the association uses to bid on graphite, wood, and other intermediate goods, in an effort to find the best way to make a pencil. Periodically, the association of pencil makers would then meet with other graphite-consuming associations. They would examine existing allocation patterns, consider larger social goals, and alter the graphite allocation protocol accordingly. What would otherwise have been an impossibly long, if not interminable, series of meetings might become, with the help of algorithms and protocols, something more manageable—a streamlined planning process, capable of undertaking complex multi-criteria adjustments.

From any given starting point, the socialists of the future might then begin to alter the overall shape of their productive apparatus. For instance, they might set out to reduce the work week by 10 percent over five years, without a significant loss in productive capacities. Associations of workers and consumers would then consider the options available to them for enhancing productivity levels in the specific areas that concern them. New technologies might improve labor productivity in pencil factories, but require more rapid depletion of forest reserves. Meanwhile, a new way of organizing hospitals might result in less work for nurses, but at the cost of lower-quality elder care. Where do different associations of workers and consumers stand on these issues?

Associations would make recommendations and reach decisions through the direct comparison of plan options, considering the consequences that each productivity-enhancing innovation would have for other issues that their members care about, such as sustainability and justice. At a certain point, a committee might compare society-wide goals of work reduction to actual achievements, looking at sticking points, theorizing solutions, and adjusting incentives to prioritize certain kinds of labor accordingly.

From this perspective, it is easy to see that a planning process would not emerge fully formed with the push of a button on an algorithmic dashboard. Nor would production be constantly revolutionized—at the cost of dislocating human lives and destroying the environment. Instead, step-by-step adjustments would make the production process ever more rational—in the Neurathian sense, not the capitalist one—across a wide variety of criteria. People themselves would propose, debate, and implement improvements for themselves.

The productive apparatus would have more in common with a "food forest" than a factory—a garden of edible plants, tended for hundreds of years and designed to provide for a multiplicity of needs, spiritual as much as material. It would connect the past to the future, across generations. It would be a common inheritance that made it possible for the masses of humanity to live and work as they wanted. Beyond this shared realm of mutual obligations, an enlarged realm of freedom would progressively open up space for radical experimentation that could be explored by all, without endangering anyone's material security or individual freedom.

A Dance Club for Pencil Makers

Digital technologies will assist in the construction of a socialist society, but the role they will play needs to be clarified. We do not want software to substitute for the price mechanism. No matter how digitally mediated a socialist society becomes, it will never be able to escape the need for democratic deliberation at all levels. Human beings are never simply rule followers. They look beyond the rules, sometimes for social benefit, sometimes for personal advantage, and often for both.

At the same time, we have to accept that deliberating endlessly is undesirable and doomed to failure. To function at all, a society that replaces the single-minded focus on cost control with multi-criteria decision-making must use algorithms to help clarify the choices to be made and protocols to help structure the way it makes these choices. We cannot rely on a single, unified mechanism for this purpose; we will need many. And open-ended debate must modify these mechanisms when they generate bad results or threaten to give rise to new forms of domination.

In designing our protocols and our algorithms, it is crucial to remember that the point of this process of social transformation is not only to make work better, but also to work less. Too often, socialists have seen work as the highest realization of human freedom. In truth, work will never be an entirely free activity. But in a world no longer beholden to the capitalist growth imperative, advanced technologies can substantially reduce the amount of work demanded of any individual. With greater free time and available space, all individuals will be able to develop their personalities outside of a work-centric identity.

The world's pencil makers would be free to invest themselves in a much wider range of ends, whether starting specialized gyms or dance clubs, joining theatre troupes, or forming amateur scientific societies. A rich and varied life beyond work is only possible if work is organized in a way that is fair, rational, and resistant to whatever forces might emerge to subjugate human beings once again. Instead of waiting for a breakthrough in artificial intelligence to achieve this goal for us, we should begin to develop the protocols of the future today.

This article could not have been written without the conversation and support of Björn Westergard.

published in *Logic*, December 20, 2020

译后记

对于生活在这个时代的我们而言,对"自动化"最直观的感受莫过于近年来飞速发展的人工智能:它在为人们的工作和生活提供了便利的同时,也导致了一些传统工作岗位的销声匿迹。因此,很多人将全球就业市场的不振归咎为自动化所带来的恶果。

然而,本书却一反直觉地提出:导致大规模失业的罪魁祸首并不是普遍认为的自动化生产,而是持续了数十年之久的产能过剩——在我看来,这一观点是本书的核心所在,也是最值得经济学家们思索、探讨的地方。而在此基础上,作者勾画出了一个"后稀缺世界":在这个人尽其能、安居乐业的世界中,人们在完成了"必要"的任务之后,便可恣意徜徉于"自由"的天地。那么,这个令人向往的世界究竟只是一枕清梦?还是人类的终极归途?或许只有时间才能给出答案。

初见此书,便有些惊讶于它同自己此前所译的著作有着不少相似之处。感谢中译出版社的编辑老师刘香玲、张旭、张程程,她们的信任和青睐让我得以结缘,并在我翻译的过程中给予了全力的

译后记

支持和帮助;同时,也要感谢我的美籍外专同事、十多年的故交Damion Jones为我解答了诸多语言方面的疑惑,加深了我对文字的理解和把握;特别感谢本书的作者亚伦,他通过电子邮件不厌其烦地为我释疑解惑,同我一起打磨、推敲,确保了译文更为准确、更加贴近原意;此外,还要感谢我的忘年之交——和蔼善良的"洋主播"Edwin Maher大伯,以及全球化智库高级研究员莫天安老师、清华大学经管学院副教授贾宁老师、我的中学同窗——香港中文大学经济系助理教授范青亮,在我涉足经济书籍翻译之初,他们便多次从专业角度给予指导和点拨,让我受益颇深。

而我最应该感谢的人,则当属对我有着生养之恩的母亲,她的陪伴、指导、鼓励和支持照亮了我人生的道路,让我能够更加从容地走过人生旅途中的每个重要节点。而我的另一位至亲——父亲已经离去一年有余,相信远在另一个世界的他看到儿子能像自己生前那样与文结缘、笔耕不辍,也一定会为此感到欣慰。

谢 欣

2022年3月于北京